나는 오늘도 1cm 성장한다

나는 오늘도 1cm 성장한다

발행일   2018년 6월 8일

지은이   김 지 현
펴낸이   손 형 국
펴낸곳   (주)북랩
편집인   선일영   편집   권혁신, 오경진, 최승헌, 최예은, 김경무
디자인   이현수, 허지혜, 김민하, 한수희, 김윤주   제작   박기성, 황동현, 구성우, 정성배
마케팅   김회란, 박진관, 조하라
출판등록   2004. 12. 1(제2012-000051호)
주소   서울시 금천구 가산디지털 1로 168, 우림라이온스밸리 B동 B113, 114호
홈페이지   www.book.co.kr
전화번호   (02)2026-5777   팩스   (02)2026-5747

ISBN   979-11-6299-165-7 03320 (종이책)   979-11-6299-166-4 05320 (전자책)

이 도서의 국립중앙도서관 출판예정도서목록(CIP)은 서지정보유통지원시스템 홈페이지(http://seoji.nl.go.kr)와
국가자료공동목록시스템(http://www.nl.go.kr/kolisnet)에서 이용하실 수 있습니다.
(CIP제어번호: CIP2018017310)

지금의 나에 만족하지 않고
보다 나은 나로 성장하는 법

1 나는
오늘도
cm 성장한다

김지현 지음

마음이 먼저다!
오늘도 상처를 두려워하지 않고 고객과
소통하며 보험설계사의 길을 가는
슈퍼맘 김지현의 인생 이야기

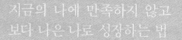

북랩 **book** Lab

10년 전.

처음 일을 시작했을 때, 다들 탐탁지 않은 눈치였다. 많고 많은 직업 중에 왜 보험이야? 하나 들어줘야 하는 거 아냐? 하지만 날 낳아준 부모님도, 같이 사는 남편도 반대하지 않았기에 쉽게(?) 시작할 수 있었다. 아니 어쩌면 가족들도 반대하고 싶었지만, 내가 마음먹은 일은 하늘이 두 쪽 나도 하는 걸 아니깐 그냥 한번 해보라고 했는지도 모르겠다.

나는 그렇게 살았다.

어릴 때부터 하고 싶은 게 무척이나 많았다. 3남매 중 둘째로 태어나 나름 이리 치이고 저리 치이며 살았다. 언니는 첫 손녀여서 귀여움을 독차지했지만, 3년 뒤 태어난 나는 "또 딸이냐"라는 핀잔에 구박 덩어리였고 그래서 장남에 장손이었던 아빠는 서둘러 동생을 가졌던 것 같다. 다행히 한 살 어린 남동생이 태어났다. 할아버지, 할머니는 첫 손녀를 무척이나 귀여워하셨고 어딜 가나 데리고 다니셨다. 남동생도 집안의 사랑을 독차지하며 오냐오냐 자랐다.

모든 둘째가 그러했겠지만, 언니랑 싸우면 "대든다고 혼나고" 동생이랑 싸우면 "동생한테 양보 안 한다 혼나고" 그런 나를 안쓰럽게 여겼는지 엄마, 아빠는 내가 하고 싶은 건 거의 다 할 수 있게 해주셨다. 언니 따라 주산학원에 구경 갔다가 하고 싶다고 생떼를 써서 미취학은 받아주지도 않는 학원을 7살 때부터 다녔고, 그 당시 부잣집의 특권이었던가? 과외가 하고 싶어 엄마를 졸라 수학 과외를 하기도 했다. 고3이 되어 남들은 수능을 준비할 때 멋있게 기타가 치고 싶어 방학 때는 기타를 배웠다. 어렵게 입문한 기타는 한 달을 배우고 손가락에 굳은살이 박여 그만뒀다.

　그런 나의 도전을 부모님이 가로막았던 적도 있었다. 어느 날 사진을 보다가 호주가 가고 싶었다. 내 나이 24살에⋯. 캥거루가 창밖으로 뛰어다니고, 지평선 끝과 하늘이 맞닿은 곳에서 살고 싶어졌다.
　호주로 워킹홀리데이를 가고 싶다고 했더니 아빠가 반대하셨다. 다 큰 처녀가 1년씩이나 어딜 가냐고? 낼모레 시집갈 나이에⋯. 부모님이 안 보내준다면 내가 돈 벌어서 가야지. 그 뒤로 돈을 모으고 비자 신청을 하고, 그 사이 여러 번 부모님께 이야기했지만, NO는 계속되었다. 그러는 사이 호주에서 비자 승인이 떨어졌다. 지금은 어떤지 모르겠지만, 그 당시 워킹홀리데이 비자는 승인이 떨어진 날로부터 1년 안에 출국해야 했다. 더 열심히 돈을 벌었고 한 달여 남겨두고 비행기 표를 끊고 가족들에게 통보했다. 다음 달 나는 호주를 꼭 가겠다고.
　그렇게 1년 호주에서의 자유 생활이 시작되었다.
　그곳에서 지금의 신랑을 만났으니, 호주는 나에게 터닝 포인트였다.

　나는 그랬다.

보험 한번 해 볼까?라고 했을 때 가족들은 반대해도 하고 싶은 건 하는 성격이니깐 말리지 않았거나, 내성적인 내가 그것도 타지에서 영업을 오래 하지 못할 거라 짐작했을 것이다. 강산이 한번 변하는 동안 이 업을 이렇게 오래 하게 될 줄은 아무도 알지 못했다.

큰 아이 돌 지나고 시작한 일이었다. 그 사이 둘째도 생겼고 집도 세 번이나 이사를 했다. 5명의 지점장이 스쳐 지나갔고, 많은 신입들이 매달 교육을 받으며 자리 잡아갔고, 300명이었던 전화번호 이름들이 지금은 3천 명이 넘는다. 휴일에도 전화기를 내려놓지 못하는, 어쩌면 지독한 일 중독자.

10년 동안의 일들이 여기 이 책에 고스란히 녹아있다. 내가 잘나서 시작된 일도 아니었고, 내가 특출나서 지금까지 할 수 있었던 일도 아니었고, 다만 내 주변에 사람들이 내가 지금까지 일을 할 수 있게 꾸준히 일거리를 제공해 줬기 때문에 내가 쉬지 않고 일을 할 수 있었던 것 같다.

일을 하면서 감사하고, 고마운 일들이 참 많았다. 하지만 무뚝뚝한 경상도 여자였기에 오히려 퉁명스럽게 이야기하고 툴툴거렸는지도 모르겠다. 고객에게는 더 없이 친절하면서도 가족들이나 친한 사람들에게는 온전한 김지현을 보여주고 살았으니 철저한 이중생활을 해 왔다. 나를 내려놓을지, 나를 드러내 놓을지… 앞으로 어떤 글을 쓰게 될지 나역시 기대가 된다.

contents

제 **1** 장

나의 직업

　대기업 콜센터에서 3년, 호주 다녀온 뒤로 굴지의 영어학습지 회사에서 3년 그게 내 경력의 전부였다.

　콜센터에서 일할 때도 고과가 좋아 남들보다 인센티브를 많이 받았었고 학습지 회사에서 일할 때도 외국물 먹었다는 자부심은 대단했었다.

　그런 내가 보험영업을 한다? 친구들이 웃을 일이다. 아니 실제로 웃었다.

　하지만 10년이 지난 지금은 그들이 나를 찾는다. 영업 초기 내 전화를 피하고 문자에 답장도 안 하던 친구들이 먼저 전화를 하고, 안부를 묻고 좋은 보험 없냐고 상담 신청을 해온다.

　요즘은 일이 많아 지인들 상담은 농담 삼아 번호표 뽑고 기다리라고 하고 보름 이상 뒤로 밀려나 있다.

　영업의 꽃은 보험이라고 했던가? 이 일은 할수록 매력적이다.

　설계사와 고객이 갑과 을의 관계라면 누가 갑이고 누가 을일까?

　계약 전까지는 고객이 갑이고 설계사가 을일지 모르지만, 계약을 하는 순간 고객은 을이 되고 설계사는 갑이 된다. **계약이 체결된 후 설계사는 회사 편도 아니고 오롯이 고객 편이 된다.** 고객의 입장에서 고객에게 무슨 일이 생겼을 때, 전문지식을 총동원하여 못 받는 보험금이 없도록 챙겨 줘야 한다. 그게 우리 설계사가 하는 일이다. 보험 계약만 받고 수당만 챙기고 끝나는 일이 아니다.

　if에 대비해 보험을 가입하고, 만약의 일이 크든 작든 생겼으니 고객은 보험금 청구를 하고 당연히 회사는 지급을 해야 한다.

하지만 보험금 지급도 사람이 하는 일인지라, 미처 알지 못하고 못 주는 곳도 있고, 일부러 안 주려고 하는 회사도 있고, 적게 주려고 노력하는 회사도 있다. 똑똑한 설계사가 본인 담당자라면 알아서 찾아 줄 것이고, 그저 그런 설계사라면 대충 들어간 보험금에 당신은 아~ 통장에 돈 들어왔네 하고 넘어갈 것이고, 이러이러해서 못 준다고 보험회사가 이야기하면 아~ 그런가 보다 하고 넘어갈 수도 있는 게 "보험금"이다. 요즘 나는 이런 보상의 묘미에 푹 빠져 산다.

고객에게 사인을 받아 돌아올 때마다 내가 꼭 하는 일이 있다. 지금 이분이 나를 믿고 만약에 대비해 보험을 가입하지만, 보험 증권을 꺼내보는 일이 없기를…. 만약 꺼내보는 일이 생긴다면 그 가정에 도움이 될 수 있기를…. 누구보다 간절히 기도한다.

누가 나에게 종교를 묻는다면 나는 모태 불교라고 이야기한다. 내 어릴 적 기억에 엄마는 항상 절에 다니셨고, 우리 동네 뒷산에 절이 하나 있는데 그 절 네 기둥이며 법당 올라가는 계단에 우리 할아버지 할머니 슬하에 자식들이며 손주들까지 20여 명의 이름이 새겨져 있으니 나는 그 절을 감히 우리 절이라고 부른다. 암튼 나는 절에 다니지 않지만, 그 시간만큼은 그분을 위해 그 가족을 위해 진심으로 기도를 하고 고객으로 인연을 맺는다.

10년 동안 일하면서 두 분의 고객을 보내드렸고, 3명의 암 진단금을 받아 드렸다.
이 정도면 큰일 겪지 않은(?) 설계사다.
기쁜 소식이면 좋겠지만, 우리가 어디 그런 직업인가?
의사가 추가 검사하자고 말만 꺼내도 병원 나오면서 제일 먼저 찾는 게 설계사라고 했다.

"제가 진단금 얼마 가입되어있죠?"

"입원해서 수술해야 한다는데 병원비는 얼마나 나오나요?"

"의사 선생님이 검사를 하자는데 이게 보험으로 처리가 되나요?"

암요~. 되다마다요!

매주 수십 건이 넘는 보험금 청구를 하고 그 돈이 정확하게! 고객님 통장으로 입금될 때마다 이 일에 대한 자부심은 UP이 된다.

해당 회사의 담당 설계사가 이건 청구해도 보험금 지급이 안 된다고 해서 넘어갔던 건도 청구해서 보험금을 받아드린 적 있었고, 보험회사에서 지급할 수가 없다고 했던 것도 약관을 뒤져가며 금융감독원에 민원까지 넣어가며 조목조목 따져서 보험금을 받아낸 일도 있었다.

내가 이래서 일을 하는 거구나.

누구나 쉽게 시작은 할 수 있는 일이다. 사돈에 팔촌까지 집안에 보험쟁이 한둘씩은 다 있으리라.

전국에 넘쳐 나는 게 20만 명 설계사이다.

나 역시 처음 일을 시작할 때 단순 용돈벌이를 할 생각으로 일을 시작했다.

하지만 이 일은 취미로 용돈벌이 삼아 그냥 하는 일이 아니다. 전문적인 지식을 가지고, 누구보다 치열하게 공부하고 열심히 해야 나중에 욕 안 먹는 직업이다.

보험 하나 잘못 팔면 구상권(대신 물어줌)이 들어오기도 하고, 보상된다고 했다가 안 된다고 번복이라도 하면 그 사람과는 두 번 다시 얼굴 보기 힘들어지고, 나도 모르게 콜센터로 전화해 계약이 해약되기도 한다.

내가 일을 하면서 그동안 그만두고 싶은 적이 왜 없었겠는가?

주기적으로 찾아오는 슬럼프가 나에게도 있었지만, 그만두지 못했던 이유는 단 하나!

돈 때문도 아이들 때문도 아니고 오로지 고객 때문이었다. 나를 믿고 청약서에 사인했던 사람들인데….

무슨 일이 생기면 나를 찾던 고객들이 내가 그만둔다면 고아가 될 것이 뻔한데…. 이 고객들을 두고 냉정하게 그만둘 수 있을까?

'저 힘들어서 그만두려고요'라는 말은 차마 입 밖으로 나오지 않았다.

그렇게 할 수 없었다. 그래서 이 일을 나이 32살에 시작해서 지금까지 하고 있나 보다. 알량한 자존심이 지금의 나를 있게 했다고 해도 과언이 아니다.

청약서에 사인을 하면서 고객들이 항상 던지는 질문이 2가지 있다.

첫째, 얼마나 일하셨어요?

둘째, 언제까지 일하실 거예요?

신입 때 첫 번째 질문을 받았을 때는 경력을 살짝 속이기도 했었다.

하지만 시간이 지날수록 내가 헷갈리기 시작했다. 2년인가? 3년인가? 그래서 소개받은 고객에게도 당당히 이야기했다. 이제 일한 지 6개월 됐는데, 초심을 잃지 않고 고객님께 필요한 보험만 딱 권해 드리겠습니다. 그래서였나? 난 고액 계약을 해 본 적이 거의 없다. 그때도 그랬지만 요즘 보험 없는 사람이 어디 있으랴? 옛날 보험 좋은 거 다 알고 있으니 가지고 있는 보험에다가 부족한 부분을 추가하는 소액의 계약이 다반사였고, 담당 설계사가 맘에 안 들어 해지하고 다시 든다는 고객도 "이런 보험 이젠 들고 싶어도 들 수 없다."라고 유지하시고 설계사가 마음에 안 들면 회사로 전화해서 담당 설계사만 변경해서 유지할 것을 권유한 적도 있다. 남들은 세대 보장이다 해서 한집 보험을 통째로 깨고 갈아엎어 리모델링했지만 내 고객 중에 그런 고객은 단 한 명도 없다. 좋은 담보가 있어 깨기 아까우니 감액해서 이건 꼭 유지하시라고 했다. 그랬기 때문에 소개도 계속 나와서 내가 아직 따박따박 월급 받아 가며 입에 풀칠하고 있나 보다.

두 번째 "언제까지 일하실 거예요?"는 열에 아홉은 꼭 하는 질문이다.

그럼 나는 똑같은 대답을 한다.

예전에는 그냥 "오래 할 거예요."라고 했는데, 그 질문을 여러 번 받다 보니 진지하게 고민해 본 적이 있다.

제가 일은 그만두는 경우는 두 가지일 겁니다.

하나는 크게 아프거나, 다쳐서 더 이상 일을 할 수 없게 됐을 때….

또 하나는 제가 정신이 오락가락해서 더 이상 고객님을 케어해 드릴 수 없게 되었을 때일 것입니다.

남편도 월급쟁이지만 직장인들은 중년이 되면 은퇴다 명퇴다 퇴직을 앞두고 고민을 한다. 한창 일할 나이에 그동안 몸담았던 직장에서 언제 내팽개쳐질지 눈치를 볼 것이다. 하지만 이 일은 정년이 없다. 100세 시대에 내 몸만 허락한다면 70이고 80이고 일할 수 있다. 실제로 방송에서 91세 최고령 설계사를 본 적이 있다. 노익장을 과시하듯 실적도 탑이었지만 나는 그 방송을 보면서 가슴이 마구 두근거렸다.

내가 그만두지 않는 한 평생을 할 수 있는 일! 어쩌면 나는 이 일로 반백 년 채울 수도 있겠다라는 생각이 들었다.

보험설계사 그게 내 직업이다.

예전엔 보험쟁이라고도 했고, 엄마 친구들만 하는 일이라 생각했다. 재무설계사, 종합컨설턴트, FC, FP, TC, FSR 등등 보험설계사를 칭하는 호칭은 무수히 많아졌지만 하는 일은 매 한 가지이다.

보험을 권유하고, 계약을 하고, 이후 사고가 발생했을 때 보상을 받을 수 있도록 도와주는 게 주된 업무이다.

보험은 옛날에 판매하던 단순한 암보험, 상해보험, 종신보험을 뛰어넘어 더욱 다양해지고 구조는 복잡해졌다. 뱃속에서부터 가입하는 태아보험, 이빨 보험이라는 치아보험, 노후준비를 위한 연금 저축(연금을 받는 방법도 다양하다), 사망 시 보장되는 종신보험(종신에 연금 기능을 더하기도 하고, 진단금을 추가하기도 한다), 그리고 결코 만만히 볼 수 없는 자동차보험, 거기에 아파트 화재보험이며 영업배상책임보험 등등 수도 없이 많은 보험들이 매달 쏟아져 나오지만 나 역시 각 회사의 신상품을 다 알지는 못한다.

우리 일상에 보험으로 연결 안 된 게 어디 있으랴? 집에 사는 사람부터 굴러다니는 차도 보험을 들어야 하고, 건물에 일렬로 들어선 식당이며 학원도 보험을 들고 영업을 해야 한다.

종합컨설턴트라고 모든 보험을 다 소화할 수도 있지만, 이 바닥에서도 한 분야만 주력으로 하시는 전문가 분들이 계시다. 자동차보험만 집중 공략하고 교통사고 시 어떤 회사의 보상과 직원에게도 밀리지 않는 말발을 가지고 있는 분이 있는가 하면, 아파트 화재보험만 파고들어 입찰 보러 다니시는 분도 있고, 어린이 보험만 전문으로 하는 사람들도 있다.

우리나라 30여 개 보험사 중에 주력 회사가 몇 군데 있고, 타사보다 가성비가 좋은 상품을 나름 선별해서 고객에서 권한다. 일반인이 보기엔 상해사망이 재해사망 같고, 뇌출혈이나 뇌졸중이나 비슷하고 5대 고액암이 거기서 거기 같지만 각 회사 가입설계서를 보면 미묘한 말장난이 숨겨져 있다.

그걸 판단해서 알려 주는 게 내 몫이라면, 내 이야기를 듣고 선택하는 건 고객 몫이 된다.

난 시간 강박증과 핸드폰 중독이라는 두 가지 병이 있다.

입사 초기에 대전으로 교육을 간 적이 있다. 당시 우리 동기는 4명이었다. 내 차를 가져가기로 했기 때문에 당연히 집결지는 7시 30분 우리 집 앞이었고 7시 30분이 되었는데도 두 명의 동기가 나타나지 않았다. 통화를 해보니 한 명은 거의 다 왔다고 했고, 다른 한 명 역시 차가 막혀서 오고 있는 중이라고 했다. 35분이 되자 초조해졌다. 교육에 늦으면 어떡하지? 대전 길도 잘 모르는데, 출근 시간이라 거기도 차가 막히면 어떡하지? 내 마음을 가라앉힐 틈도 없이 이 상황 자체가 날 벼랑 끝으로 내모는 것 같았다. 허겁지겁 도착한 그들에게 난 화를 냈다. 단체생활에서 이게 뭐냐고? 차가 막힐 줄 몰랐냐고? 최소한 일찍은 도착 못하더라도 제시간에 도착은 했어야 하는 거 아니냐고⋯. 가는 내내 차 안은 쥐 죽은 듯 조용했고, 그 뒤 나는 진상이라는 별명을 얻었다.

별일 아니라고 그냥 넘어갈 수 있는 일이었는데, 그런 시간적 압박은 주변 사람들에게 스트레스로 작용했다.

학창 시절 학교가 코앞에 있었음에도 지각 한 번 한 적 없고, 대학교를 다니면서도 버스 시간이 안 맞거나 늦을 것 같으면 없는 용돈에 택

시를 타기도 했다. 그건 사회생활을 하면서도 고스란히 내 몸에 배어

회사를 다니면서도 항상 남들보다 30분~1시간 정도 일찍 출근을 했고, 눈이 많이 왔던 천재지변을 제외하고는 회사를 지각하거나 무책임하게 결근한 적도 없었다.

아이를 키우면서도 1년이라는 시간 동안 매달 있는 신입 교육 13가지를 전부 이수받았다. 당일 지방 교육은 물론이고 숙박교육까지 내가 할 수 있다면 가급적 하려고 노력했다. 아이 때문에 못해요…라는 말이 하고 싶지 않아서….

지금 생각해 보면 참 요령이 없었던 것 같다.

아이가 아프면 부모가 당연히 아이를 데리고 병원에 가는 게 정상인데, 나는 아이를 데리고 출근했다가 병원에 갔다가 다시 아이를 어린이집으로 보냈다. 엄마라면 이해하기 힘들 수도 있는데, 나는 그랬다.

8시 50분까지 출근인 회사를 9시에 문 여는 병원을 갔다가 가면 빨라도 9시 30분이다. 지각…. 그게 뭐라고 난 8시 반에 출근해서 눈도장 찍고 9시에 맞춰 병원을 갔다.

큰딸 예원이가 한글을 배우기 시작하면서 어버이날 즈음에 나에게 줬던 그림편지가 있다.

뾰족구두를 신고 긴 머리를 한 여자가 편지밖에 서 있었고 안에는

"엄마 은해사을 자가다"라고 쓰여 있었다.

엄마 은혜 감사합니다인가?

"예원아~ 이게 무슨 뜻이야?" 감동의 문턱에 들어서기도 전에 딸아이가 대답했다.

"엄마는 회사를 잘 간다"라고….

사무실 사람들이 자주 그런다.

"아~ 김지현 또 카톡해?"

"핸드폰 좀 내려놔."

거의 모든 여자들이 남자라는 동물과 다르게 2~3가지 일을 함께한다지만 난 그 부분에 있어서는 누구보다 두각을 나타낸다. 핸드폰을 들고 통화, 문자, 카톡을 하면서 다른 모든 일들이 가능하다. 보험은 가입시킨다고 해서 끝나는 게 아니다. 진짜 일은 가입시키고 나서부터가 시작이다. 이 상황은 나와 인연을 맺는 순간 내가 정한 룰이다. 일을 시작하면서 내 핸드폰은 항상 켜져 있었고 내 손에 있었다. 배터리가 줄어들수록 내 마음은 조급해지고, 보조 배터리가 나왔을 때 나는 신세계를 만난 것 같았다.

전화는 무조건 받는다. 문자 메시지나 카톡은 바로바로 답한다. 상담 중이거나 교육 중이라 전화를 못 받을 상황이면 꼭 문자 메시지로 내 상황을 알린다. 그래야 상대방은 조금이나마 안심을 하고 기다리든지, 정말 급한 일이면 이런이런 일이 생겼으니 빨리 연락을 달라고 한다. 급한 일이 생겨 전화를 했는데, 담당 설계사가 연락이 안 된다면? 그것만큼 답답한 일이 어디 있으랴?

이 일이 누구나 부담 없이 시작은 할 수 있지만, 누구나 자긍심을 가지고 오래 할 수 있는 일이 아니라는 걸 3년쯤 되었을 때 알게 되었다.

영업을 3년 하고 나는 신입을 관리하는 지점 매니저로 일을 했다. 신입들이 입과해서 1년 동안 자리 잡을 수 있게 도와주는 게 주된 업무였다.

그날그날의 동선을 파악하고 상담 가기 전 청약서에 빠진 서류는 없는지, 청약 후 누락된 부분은 없는지 확인하고 매달매달 실적을 관리하고 지점장님께 보고하는 게 내 일이었다.

아침에 출근을 못 하면 이러이러해서 출근이 힘들다든지, 귀점을 못 하는 상황이 생기면 이러이러해서 바로 퇴근한다라는 상황도 중간에 나를 거쳐 지점장님께 보고되었다. 그렇다 보니 우리 지점 신입들은 몹쓸 병에 걸린 나 때문에 많이도 힘들어했다. 연락 안 하고 잠수 타는 날이면 다음날은 더 미안해서 출근을 못 하는 상황이 생긴다.

정말 연락 두절된 신입이 있어 입사지원서를 보고 집으로 찾아간 적도 있다. 출근은 늦잠 자서 못 했고 연락은 매니저님 무서워서 못 했고 하루 이틀 지나니 감당이 안 될 것 같아 더 연락을 못 했다고 한다. 연락되는 순간 악마로 변해 버릴 매니저님 때문에…

그 집을 나오면서 만감이 교차했다. 내가 이러려고 매니저를 했나? 이 위치가 신입을 보듬어 줘야 하는 자리인데, 나는 그렇지 못하고 있구나라는 자괴감에 사로잡혀 한동안 일이 손에 안 잡혔다. 하지만 곧 제자리로 돌아왔다. 나는 오래 고민하고 걱정하는 스타일이 아니다. 세상 누구보다 더할 나위 없이 즉흥적이고 긍정적이다.

내가 고객이어도 연락 잘 안 되고 시간 약속 안 지키는 설계사는 사양할 것이다. 그 일이 있은 뒤로 신입들에게 겉으로는 많이 관대해졌지만, 보살 소리 들어가며 속으로 하고 싶은 말 꾹꾹 참고 살았다.

제 버릇 남 주지 못하고 두 가지 오래된 지병은 불치병으로 나와 평생을 함께할 것이다.

내가 그렇기 때문에 다른 사람도 그래야 한다는 건 아니지만, 적어도 보험 밥을 먹을 거라면 이 두 가지는 기본으로 지켜야 한다고 생각한다.

주변에 아는 보험설계사 있으세요?라고 물으면 아주 다양한 대답이 나온다.

"장모님이 보험 해요."부터 "친구 남편이 설계사다.", "시누이가 보험을 한다."등등.

우리나라 사람 중에 보험설계사 한둘쯤 모르는 사람은 없을 것이다. 그만큼 널려있고, 넘쳐 나는 게 설계사라는 직업이다.

질문을 바꿔 담당 설계사한테 만족하세요? 라고 물어보면 절반 이상이 불만을 이야기한다. "보험 가입할 때만 보고, 연락을 잘 안 한다", "본업은 따로 있고 부업으로 한다", "담당 설계사가 그만두고 다른 분으로 바뀌 었는데, 누군지 잘 모른다." 등이다.

왜 설계사들은 고객에게 만족을 주지 못하고 있을까?

나의 첫 보험은 엄마가 '엄마의 지인 분께 가입해 줬던 상해 보험이었다. 보험료 11,000원에 골절, 상해, 입원 등이 보장되었던 보험…

내가 자발적으로 가입한 첫 보험은 '언니의 전 직장동료'에게 가입했던 종신보험이었다. 본인 부재 시 남겨진 가족을 위해 너도나도 가족사랑 실천을 위해 가입했던 보험이었다. 둘 다 지금은 해약했지만, 그 당시에는 필요한 보험이었기 때문에 엄마도, 나도 가입을 했을 것이다. 첫 번째 보험을 가입했던 이모님은 환갑이 넘은 나이에 아직 현업에 계시고 두 번째 내가 스스로 가입했던 보험 담당자분은 어느 날 사라졌다. 내가 이 일을 하면서 우리 가족의 담당 설계사는 딱 한 명이 되었다. 김지현! 바뀔 일이 절대로 없고, 설계사가 그만둘까? 고민하는 일은 더더욱 없다. 내가 이 일을 언제까지 할 거라는 걸 알고 있으니깐.

　내가 처음 근무했던 지점은 신입이 넘쳐났다. 신입의 수, 그들의 실적에 따라 매니저 월급이 정해졌는데, 전국 150여 명의 매니저들 중에 나의 월급은 열 손가락 안에 들었다고 자부한다. 내가 일을 잘해서 그런 게 아니라 지점원들이 증원을 많이 해줘서 그런 영광을 누릴 수 있었다. 매달 신입이 들어오기만 했다면 자릿수가 모자라 지점에 컴퓨터를 늘리고, 사무실을 이전하고, 지점 분할을 했어야 하는데, 4년 동안 분할은 딱 2번 했다. 그만큼 들어오는 사람도 많았지만, 나가는 사람들도 많았다는 것이다.

　증원했는데 사람이 안 늘어난다. 이게 무슨 말이냐 하면, 예를 들어 지점 재적은 40명이라고 가정을 하면. 가동(일정 부분의 실적)을 해야 하는 사람은 35명이다. 35명이 모두 가동을 하면 좋겠지만, 대개의 지점은 그런 상황이 아니다. 30명 정도만 가동을 하고 나머지 5명은 자빽(스스로 본인 계약을 넣어서 마감을 함)을 한다. 이렇게 5명은 지점의 도움을 받아 자빽을 하지만 설계사의 수명이 오래가지는 못한다. 그렇게 한 달 생명 연장을 해보지만, 가짜 계약이 쌓이고 쌓여 그들은 몇 달 안에 짐을 싸고 집으로 돌아갔다.

　이게 비단 우리 지점만의 문제는 아니었을 것이다. 전국에 20만 명 설계사 중에 이 일을 목숨 걸고 하는 사람이 몇 명 있을까? 보험설계사라는 직업을 너무 우습게 보는 게 아닌가? 단언컨대, 이 일은 부업으로 하는 일이 절대로 아니다. 만약 주업이 있고 이 일을 부업으로 한다? 코드만 살아있고 일이 있을 때만 출근한다? 당신이 만약 그런 사람이라면 당장 그만둬야 한다. 내 담당 설계사가 그런 사람이다? 당신은 무슨 일이 생겼을 때 담당자로부터 만족스러운 대답을 듣기 힘들 것이다. 철

새 설계사여! 당신은 고객에게 무슨 짓을 저지르고 있는가? 한 사람의 몸을 담보로 적게는 몇백만 원에서 많게는 몇천만 원짜리 계약을 받아 놓고, 정작 고객에게 무슨 일이 생겼을 때, 당신 혼자서 해결할 수 있는가? 분명 보장 금액 하나 본인이 확인할 수 없어 사무실 총무를 찾거나 지점장한테 전화를 할 것이다.

매달 넘쳐 나는 게 신상품이고, 해가 가면 바뀌는 게 세법이고, 매년 올라가는 보험료에, 변경되는 약관들 출근해서 교육받고 이러한 정보들을 내 머릿속에 집어넣기에도 빠듯한 하루다. 정작 본인은 아무 노력 없이 사무실로 전화해 "이거 하나만 설계해주세요~"라고 하면 이 상품에 대해 1도 모를 것이다. 본인이 직접 설계도 해보고, 담보 금액도 조정해보고, 적정한 보험료를 찾아 가입설계서에 밑줄도 그어가면서 정리한 걸 가지고 고객을 만나야 적어도 그 고객에게 보험료를 받을 자격이 있다. 오늘 상담 중에 고객이 그런다.

"소득공제 때문에 변액 연금을 가입해서 유지하고 있는데…"

담당 설계사가 변액 연금이 소득공제된다고 남편 앞으로 가입을 권유해서 덜컥 가입해 놓고 유지 중이란다. 이런 이야기를 들으면 화가 난다. 가입한 상품은 소득공제가 되는 상품이 아니다. 온갖 감언이설로 고객을 현혹해놓고 정작 뒷감당은 어떻게 하려고 그러는지.

설계사는 본인이 한 말에 책임을 져야 한다. 그러려면 정확하게 알고 이야기해야 하고, 모르는 부분이 있으면 확인하고 알려주겠다고 한걸음 물러나야 한다. 그 자리에서 내가 잘났네 하고 이야기했다가 나중에 정말 큰 코 다칠 수 있기 때문이다.

세월이 흘러 보험에 가입하는 방법도 다양해졌다. 예전에는 대면으로 상담을 하고 가입했지만, 요즘은 인터넷으로 비교해서 가입도 많이 하고, 홈쇼핑에서도 보험을 판매하니 고객이 가입할 수 있는 경로는 더욱 다양해졌다. 하지만, 유지율을 보면 인터넷이나 홈쇼핑에서 가입한 보험은 1년 유지율이 채 절반도 되지 않는다고 한다. 이유는 단 하나. 관리가 안 되기 때문이다.

설계사가 되기 위해서는 설계사 시험을 봐야 한다. 운전을 하려면 운전 면허증이 필요하듯이, 보험을 하려면 설계사 자격증을 따야 한다. 그래야지 보험업 법에 따라 보험을 모집, 권유할 수 있게 된다. 하지만 보험이 어디 쉬운가? 그게 그거인 듯한 보험용어들, 비슷비슷한 담보들, 이걸 한 달가량 공부하고도 시험에 떨어지는 사람들이 있다. 그리고 보면 설계사 시험도 결코 쉬운 것은 아니다. 이렇게 설계사 자격증을 따고 상품교육, 전산교육을 받고 본업에서 일을 하는 신입들도 1년가량 지나야 신입 티를 벗는데, 보험에 관해 공부 하나도 안 한 고객이 인터넷으로 알아보고 가입을 한다? 만기 때까지 유지하는 게 신기하다. 좋은 줄 알고 가입했는데 보장이 약하거나, 홈쇼핑에서 하도 억! 억! 보장해준다고 해서 가입했는데 알고 보니 휴일 대중교통·상해사망(평일 말고 휴일, 자가용 말고 대중교통 수단을 이용하다가 사망해야지 보험금 지급)이다. 혼술, 혼밥이 유행이라지만 혼보험은 권하고 싶지 않다.

한번 가입하면 몇십 년을 유지해야 하는데, 보상이 필요할 땐 도와줄 설계사가 없다면 혼자 어떻게 해결할 것인지 묻고 싶다.

혹여 가입해 놓은 보험 유지가 힘들 때 담당 설계사에게 연락만 해봐도 알 수 있다. 당장 해지하세요~가 아니라 옛날 담보가 좋으니 금액을 조금 줄여서라도 유지를 하라든지, 현재 상황에 필요 없는 담보를 빼 준다든지, 그들은 분명 방법을 제시해 줄 것이다. 제대로 배운 설계사라면!

옛날 호랑이 담배 피우던 시절까지 거슬러 올라가지 않더라도 내 기억 속에 보험 설계사는 그냥 아줌마 부대였다. 남자는 전무하였는데, 2000년대 초반 외국 보험회사가 우리나라에 들어오면서 남자 설계사들이 생겨났다. 옆집 친구가 보험 하나 들어줘~ 하면 아무것도 모르고 가입을 하던 때가 있었다. 설계사가 보험료 첫 회를 대납해주고, 고객 사인을 설계사가 대신해도 크게 문제 되지 않던 시절이 있었다. 하지만 지금은 상상도 못 할 일이다.

"보험 하나 들어줘." 이 말을 듣고 가입한 고객은 내가 필요해서 든 게 아니라 상대방이 필요해서 보험을 들어준 것이다. 이렇게 성사된 계약에서 설계사는 언제나 패자일 수밖에 없다. 상대방은 항상 내가 설계사를 도와줬다고 생각하고, 설계사는 고객으로부터 도움을 받았다고 생각할 것이다.

하지만 시대가 변했다. "보험 하나 들어줘." 하는 설계사도 없을뿐더러 그 이야기를 듣고 기다렸다는 듯이 "그래, 마침 나 암보험 필요했는데, 당장 가입할게." 하는 고객도 없다. "이런 보장이 좋은 상품이 있는데, 만약 네가 가입한다면 금액은 이 정도야. 너희 집은 가족력도 있으니 너한테 필요한 보험일 것 같은데… 어때?" 상대방이 OK 하면 하는 거고, 아니면 다음에 다른 상품을 추천해 주면 된다. 거절했다고 타인을 나무랄 것도 섭섭해 할 것도 없다. 많은 거절을 받으면서도 내가 당당할 수 있었던 건 계약을 구걸하지는 않았기 때문에 가족에게도 친구들에게도 떳떳할 수가 있었고, 다음번 만남에도 지난번과 같은 관계를 유지할 수 있었다. 신입 때는 친한 친구의 거절이 상처가 되고 밤새 생각이 나서 잠도 안 오더니 세월이 지나니 거절도 무뎌지더라. 오히려 나는 까맣게 잊고 지냈는데, 거절한 사람은 다음번 만남에서도 미안해하는 걸 봤다. 상담 한 번 했다고 모든 고객이 보험에 가입한다면, 나는 지금쯤 강남에 건물 하나 갖고 월세 받는 건물주가 되어있었을 것이다.

이렇듯 나는 당당해졌는데, 가끔 옛날 생각에 젖어 설계사를 인생 막차 탄 사람으로 여기는 고객도 있었다.

"다른 설계사들은 처음 보험료 내주시던데…. 첫 회 보험료 내주시면 안 돼요?

"언니~ 내가 이거 계약해 줬으니깐 나 선물 하나만 해줘요. 구두 하나만 사 줘요."

"퇴근 언제 해요? 오늘 술 한잔 할까요?"

보험료 대납은 내가 한 번도 해 본 적이 없고, 청약 후 구두 사달라고 했던 동생은 인연을 끊었고, 나는 지금껏 남자 고객과 단둘이 술 한 번 마셔 본 적이 없다. 고객이 보험회사를 고르고 담당 설계사를 비교해서 선택할 권리가 있다면 설계사 역시 고객을 선택할 권리가 있다.

〈무리한 부탁을 하는 고객을 고객으로 안 받아들일 권리〉

다 진행되었던 계약이 하나 날아가 버리면 마음이 아프고, 속은 뒤집히겠지만 그런 고객 하나가 소개해 주는 사람도 유유상종일 것이다. 고객 한 명 잘못 만나 마음고생 하고, 계속 찝찝하게 지내는 것보단 난 이 고객을 거부함으로써 더 큰 행복을 찾을 것이다. 고객을 고객으로 안 받아들일 권리. 설계사에게 주어진 단 하나의 권리이다.

　처음 일을 시작한 건 큰 아이가 돌 지났을 무렵이었다. 보험 한 번 해보지 않겠냐는 권유를 받았을 때 나는 손사래를 쳤다. 과거의 나는 사교적이거나 활발한 성격이 아니었다. 낯가림도 심해서 사람을 사귀기까지 꽤 오랜 시간이 걸렸고, 친구들과 만날 때 친구의 남자친구가 오기라도 하면 난 곧장 집으로 가는 성격이었다. 남들은 고집이라고 말하는 '소신'은 있지만 내 고민을 남한테 털어놓는 성격도 아니었다. 태어나서 쭉 부산에서만 살다가 천안에 오니 아는 사람이라고는 시댁 식구들뿐이었다. 2년 동안 열심히 인맥을 쌓은 게 형님이었고, 매일 만날 정도로 친해진 사람이 시누이였다. 윗집에 누가 사는지도 몰랐고, 어린이집 엄마들하고도 교류는 전혀 없었다. 내가 이 일을 하기 전까지는….

　하지만 일은 또 다른 문제였다. 타지에서 내가 할 수 있는 게 많이 없었다. 3교대 공장에 가서 일을 할 수도 없었고, 사무실에 경리로 취직하기엔 경험이 없었고, 어린아이에 대한 제약도 많았다. 사무실에 틀어박혀 아침 9시부터 저녁 6시까지 일하는 건 아이를 키우면서 하기에는 무리라는 생각이 들었고, 처음엔 자신 없었던 일이 하면 잘할 수 있을 것 같다는 생각이 들면서 고민고민 끝에 선택한 직업이 보험설계사였다.

　설계사는 자유로운 직업이다. 정해진 장소에서만 꼭 일을 해야 하는 건 아니기 때문에, 내가 가사와 일을 병행할 수 있는 최상의 직업이었다. 때로는 재택근무도 가능했고, 낮에 은행 업무도 할 수 있고, 내가 시간 조절만 잘하면 회사에 눈치 보지 않고 유치원 참여 수업도 갈 수 있었다. 처음부터 '나는 보험왕이 될 거야'하고 시작한 건 아니었다. 분

윳값이나 벌어볼까? 하는 마음으로 보험업계에 입문했다. 하지만 일을 하다 보니 재미있어졌고, 기왕 할 거라면 제대로 하고 싶었다. 그때부터 정말 열심히 했다. 누구나 그러하겠지만, 선천적으로 남한테 싫은 소리 듣기 싫어서, 싫은 소리 들을 짓을 아예 안 했다. 다른 누구보다 부지런을 떨었고, 아이가 어려서 못 한다는 소리는 입 밖으로 내본 적 없이 일을 했다.

밤낮 관계없이 주말에도 출근하는 남편을 만나 육아는 고스란히 내 차지였다. 퇴근 후 아이 저녁밥 먹이고 서둘러 재워놓고 심장 쫄깃해지는 마음으로 늦은 시간 사무실로 가서 남은 업무를 마무리하기를 여러 번….

감사하게도 딸아이는 단 한 번도 깬 적이 없었다. 요즘 같으면 아동학대라고 신고했을 텐데, 그때는 그만큼 일이 좋았고, 일에 미쳐있었다.

모든 영업이 그러하겠지만, 보험회사에는 마감이라는 게 있다. 월 마감, 주차 마감.

월말까지 얼마만큼의 실적을 해야 하고, 그걸 4주로 나눠 매주 어느 정도 업적을 해야 했고, 기왕 할 거라면 월말에 하는 것보다는 월초에 하는 게 모두에게 유리했다. 마감에 맞춰 시상도 달랐다. 똑같은 상품에 같은 금액의 계약이라면 월말에 하는 것보단 월초에 하는 게 시상이 더 좋았다. 1년에 12번의 월 마감과 52번의 주차 마감…. 그동안 영업을 하면서 월 마감을 건너뛰어 빵친 적(실적이 제로인 적)은 한 번도 없었다. 내가 일을 잘해서가 아니라 타이밍이 잘 맞아떨어졌던 것 같다. 이 일을 하면서 계약뿐만 아니라 보험과 관련된 일들이 넘쳐났고, 운도 따랐다. 타 지역 다른 설계사가 청약서까지 뽑아 놓은 계약을 중간에 내 고객이 나한테 하라고 밀어줬던 적도 있고, 커피숍에서 우연히 만난 중학교 동창은 보험 가입을 하고 있었다. 친구는 조금 전 가입했던 보험을 당장 청약철회하고 똑같은 보험을 나한테 들어주기도 했다. 보험은 더 이상 필요 없다고 했던 친척 언니에게서 기적같이 전화가 오기도 했다. 임신했으니 태아보험 들어달라고….

　나 같은 성격이 어떻게 영업을 하지? 난 천안에 아는 사람 하나 없었는데….

　월말까지 계약이 없으면 속은 타들어 가지만 어떻게든 일이 풀려 점이라도 찍고, 주어진 목표를 하고 있는 김지현이라는 사람이 기특했다. 1년쯤 되었을 때 나에게 처음 '선물'이란 걸 했다. 내 돈 주고 구매한 신발 중에 가장 비쌌던 신발. 이 신발 신고 좋은 곳, 나를 필요로 하는 곳 많이 많이 가 보자는 의미에서 정장에 딱 어울리는 까만색 구두를 샀다. 그 구두는 뒷굽만 수십 번을 갈았고 아직도 우리 집 신발장 맨 위 칸에서 주인장 노릇 하며 자리를 지키고 있다. 그 구두를 신고 또각또각 전국을 돌아다녔다. 연고가 부산이니 부산은 두말할 것도 없고, 서울이며 마산이며 광주며 소개가 나오는 곳은 어디든 갔다. 어린아이 때문에 평일에는 멀리 가는 게 여의치 않아서, 주말에 신랑 스케줄에 맞춰 맡겨놓고 꼬박 일하기도 했다.

　친정이 부산이라 신입 때는 부산을 정말 매주 내려갈 정도로 자주 갔었다. 한 번은 연말에 소득공제 신청할 때 대중교통 이용금액이 400만 원을 넘어 깜짝 놀랐던 적이 있다. 자가용 운전하는 사람이 왜 이렇게 대중교통 이용요금이 많지? 하고 의아해했는데, 알고 보니 KTX 사용금액이었다.

　살면서 많은 직업을 경험해 보지는 않았지만, 이 일만큼 재미있는 일은 없었다. 30대 초반의 엄마가 보험을 한다? 그 당시에 흔한 일은 아니었다. 지점 막내로 입사해서 몇 년이 지나 신입 딱지는 뗐지만 들어오는 신입들은 나보다 연배가 높은 언니들이었다. 내가 일을 시작했던 30대 초반이 주변 친구들에게 보험을 권유하기에 딱 적령기였던 것 같다. 주변 친구들에게 보험을 권하는데 친구들이 그 무렵 다 결혼을 하고 부모님으로부터 경제적 독립과 함께 자연스레 매달 빠져나가는 보험료에 관한 관심도 높아지고 있었다. 결혼을 했으니 당연히 임신도 하고, 부모님으로 물려받은 보험도 리모델링하고 가장으로서 책임감 높아지는 남편 보험까지 일이 줄줄이 들어왔다. 3, 6, 9개월에 맞춰 적당히 슬럼프로 찾아왔지만, 마감을 못 할 거란 생각은 해 본 적이 없었다. 그렇게 나는 평범한 주부에서 직장인으로 거듭나고 있었다.

주변에 사람들이 가끔 묻는다. 설계사란 직업…. 힘들지 않냐고? 힘들지…. 힘들죠…. 하지만 **세상에 안 힘든 일이 어디 있을까?** 뒤집어 생각해보면 어떤 회사를 가든 직장 동료와의 마찰, 상사와의 갈등, 만족스럽지 못한 급여, 일이 밀리면 야근도 감수해야 하는 직장생활. 이렇지 않은 직업이 어디 있을까? 설계사도 마찬가지이다. 마음 맞지 않는 동료도 있고, 지점장, 팀장과의 갈등, 고객과의 신경전, 들쑥날쑥 롤러코스터를 타는 월급. 하지만 설계사는 그 선택권을 내가 쥐고 있다. 회사에서의 내 위치는 내가 만들어 가는 것이고, 보험회사가 어디 한둘인가? 절이 싫으면 중이 떠나면 되고, 고객과도 마음이 맞지 않으면 적당한 선을 지켜가며 내 할 도리만 하면 된다. 과하지도 모자라지도 않게 내 할 일만 한다면 꼬투리 잡힐 일이 없다. 그 고객이 매일 나를 찾는 것도 아니고, 찾아봤자 1년에 한두 번이다. 월급 역시 내가 하기 나름이다. 열심히 일을 했다면 많이 받을 것이고, 대충 쉬면서 쉬엄쉬엄했다면 만족스럽지 못할 것이다. 현재 내 월급에 만족스럽지 못한 설계사가 있다면, 지난달 자신이 했던 일들을 하나하나 뒤돌아보라. 출근과 귀점은 빠짐없이 했던가? 교육은 빠지지 않고 들었는가? 하루 10명 이상의 고객과 전화나 문자, 카톡으로 접촉을 했는가? 일주일에 20명 이상 기존 고객들에게 새로운 상품을 안내했는가? 자동차 만기나 화재보험 만기인 고객을 혹여 놓치고 지나간 일은 없는가? 고객들 경조사는 챙겼는가? 이런 모든 일들을 빈틈없이 했음에도 성과가 나오지 않는다면 당당함이 없는 상담 스킬이 문제일 것이다. 우리 같은 사람은 신뢰를 먹고 산다. 한 번 신뢰를 잃으면 더 이상 그 고객과의 관계 유지는 힘들고, 소개가 나오기는 더더욱 힘들 것이다.

오래 일하지 못하고 힘들어하는 신입을 보면 대개 만족스럽지 못한 월급이다. 월급이 많으면 너도 나도 줄 서서 일을 하겠지만, 보험은 정직하다. 딱, 내가 일한 만큼만 그리고 그다음 달에 유지가 되면 유지된 만큼만 월급을 준다. 그래서 월급을 10만 원도 못 받는 친구도 있고, 몇백만 원을 받는 친구도 있다. 처음에는 표가 나지 않는다. 이 사람이 오래갈 사람인지⋯. 하지만 한 달만 같이 일을 해보면 금방 촉이 온다. 처음 한두 달은 대개가 지인 영업이다. 길거리로 나가 개척 영업을 하기는 힘들다. 나 보험 시작했네 하고 가족이나 친척 지인들에게 알리고 보험을 하나둘 받아와서 처음에는 신입 월급이 비슷비슷한데, 3개월 정도 지나고 나면 성장하느냐 곤두박질치느냐 판가름이 난다.

나도 처음부터 영업을 잘했던 건 아니다. 보험 영업은 장기전이다. 일을 하면서 겨우 가동을 한 달도 있었지만, 매달 말일이 다가오면 반복되는 고민들⋯. 다음 달은 어디 가서 영업을 하나? 하지만 시간은 흐르고, 막상 다음 달이 되면 또 어찌 계약을 하고 있는 나 자신이 있다. 보상을 잘 처리해 줬더니 소개가 들어오고, 영업 3년쯤 되니 고객은 많이 늘어나지 않는데, 계약은 끊임없이 계속 늘어만 갔다. 고기도 먹어 본 놈이 먹는다고 보험도 들어본 사람들이 든다. 보험 하나도 가입 안 한 사람은 있어도 하나만 가입한 사람은 없다. 좋은 보험 나오면 또 들고, 또 드는 게 보험이다.

아가씨였던 고객이 본인 보험을 가입하면서 나랑 인연을 맺어, 결혼해서는 남편 보험을 들고, 임신했다고 태아 보험을 가입하고, 이사했다고 주택 화재보험을 들고, 국민연금 고갈된다는 뉴스를 보고 개인연금을 준비하고, 친구 부모님 암으로 돌아가셨다는 소식에 당신 부모님을 뒤돌아본다.

내가 대충 살지 않고, 이 자리에서 꿋꿋이 버티고 있다면 고객은 나에게로 향하기 마련이다. 나와 인연을 맺었던 고객의 자금 사정이 힘들어 보험을 실효시켰다가도 형편이 나아지니 다시 돌아오고, 나의 고객은 아니지만, 고객 부모님 보험금 청구하는 일을 내 일처럼 도와줬더니 소개를 해준다. 친구가 보험을 시작해서, 내가 가입시켜 놓은 보험 싹 갈아엎고 가 버린 고객도 그 친구가 그만뒀다고, 다시 돌아온다. 이렇게 돌아온 고객은 절대 배신하지 않는다. 보험은 가입도 중요하고 유지도 중요하지만, 그것 못지않게 설계사의 역할이 중요하다는 걸 알기 때문이다.

우리 일상은 보험으로 통한다.

if에 대비해서 우리는 보험을 가입한다. 보험을 가입해놓고 제발 아팠으면… 제발 암에 걸렸으면… 하는 사람은 없을 것이다. 아프지 말았으면 좋겠고, 만약에 내가 아프게 된다면 가입했던 보험이 나에게 또는 남겨진 가족에게 조금이나마 힘이 되길 바라는 마음으로 보험을 가입할 것이다. 보상받을 일이 없다면 다행이겠지만 병원 한번 안 가본 사람이 어디 있을까? 다녀오면 으레 담당 설계사를 찾기 마련이다.

몇 년 전 병원이랑 MOU가 체결되어 병원에서 근무했던 적이 있었다. 통원이나 입원환자들의 원스톱 보험 업무를 지원했었는데, 대개 아파서 병원에 오신 분들이고 퇴원 전 보상청구를 문의하는 사람들이었다. 어느 더운 여름날 50대 후반의 한 어머님이 찾아오셨다. 앞에 앉아 이런저런 이야기를 하고 보험금 청구를 대신해드리기로 했다. 서류를 받아 접수하고 한 달가량 지났을 때였다. 보험금은 잘 받으셨는지 궁금해서 안부 전화를 드렸는데 그거 못 받으셨다고 한다. 자초지종 이야기를 듣고 며칠 뒤 커피숍에서 어머님과 마주 앉았다.

사연은 이러했다. 카드로 결제되던 보험료가 카드가 갱신 재발급되면서 자동 연장되지 않아 보험료 미납으로 실효되었다고 한다. 정상 계약이 아니니 보험사에서는 당연히 보험금을 지급하지 못한다는 통보를 받아 속상하다고 하셨다.

"내 실수니깐… 내 잘못이지 뭐…"

거기서는 보험이 실효된다고 종이 쪼가리도 보냈다고 하는데, 집을 이사하는 바람에 그것도 못 받았다고… 못 준다니깐 하는데 어쩌나고? 못 받는 거지⋯. 수술비며, 입원비 하나도 못 받아서 너무 억울하다고 하셨다. 8년을 또박또박 보험료를 내다가 처음 보험금 청구를 했는데 보험은 이미 실효된 상태여서 역시나 보험회사는 도둑놈이라는 소릴 하셨다.

수첩을 꺼내 메모를 시작했다. 어머님이 가입한 날짜. 마지막 카드 결제된 날짜. 처음 병원에 입원한 날짜(이날을 사고 발생일로 본다. 퇴원 날짜는 상관없다). 보험금 청구한 날짜. 그리고 어머님 전화기로 해당 콜센터로 전화를 했다.

"최고장 보낸 날짜가 언제죠?"

전화기 너머로 날짜를 확인하는 순간 전율이 흘렀다. 최고장을 보내기 전에 이분은 병원에 입원하셨다. 어쩌면 보험금을 받을 수도 있겠다는 생각이 들었다. 통상적으로 보험이 실효되면 보상이 안 된다고 생각을 하지만, 실효된 날로부터 보험회사는 고객에게 실효되었다고 통보를 해야 그 관계가 성립된다. 고로 보험회사에서 최고장을 발송하기 전이라면 보상이 가능하다고 대한민국 모든 약관에 나와있다.

전화를 끊고 어머님께 설명드렸다. 사무실로 돌아와 어머님이 가입한 상품 약관을 발췌하고 다음 날 보험사로 직접 찾아갔다. 창구에 보험금 접수를 하니 들려오는 대답은 똑같았다. 이건 지급 대상 건이 아니란다.

아니 내가 보기엔 당연히 지급하는 건인데 왜 지급이 안 된다는 건지. 그 순간만큼은 보험회사는 도둑놈이 맞다는 생각이 들었다. 당연한 걸 달라는데 왜 안 주는지? 금융감독원에 민원 넣을 테니 지급 못하는 사유를 종이로 써달라고 하니 집에 가서 기다리면 보내 주겠다고 했다.

처음 만났을 때, 어머님 힘든 사정을 들었던 터라 꼭 도움드리고 싶었다. 며칠 뒤 보험사에서 부지급 안내장이 오고 그걸로 금감원에 민원을 넣었다. A4용지 구구절절 어머님 사연을 적고, 해당 약관을 첨부하고 결과를 기다리길 4개월, 금융감독원으로부터 연락이 왔다. 해당 보험사는 그동안의 지연이자와 함께 보험금을 지급하고, 계약도 부활시켜 유지할 수 있도록 하라는 내용이었다.

다음날 이른 아침부터 어머님은 버스를 타고 회사까지 찾아오셨다. 감사하다고… 감사하다고….

따뜻한 커피 한 잔 내어드리며 나 역시 감사하다고… 감사하다고… 긴 시간 기다려 주셔서 감사하다고….

사무실 문을 나서며 아이들 과자라도 사주라고 봉투를 내미셨는데, 돌아가시는 어머님 호주머니에 다시 꼬깃꼬깃 접어 넣어드리고… 그날 있었던 이 일에 대한 자부심도 어느 정도 잊혀 갈 때쯤 카톡으로 모바일 선물이 도착했다.

그 어머님이었다. 띄어쓰기 하나 없이 맞춤법도 틀리고 따닥따닥 붙여 쓴 글이었지만 마음만은 고스란히 전해졌다. 꼭 답례하고 싶었는데 받아주지 않아 군대 휴가 나온 아들의 힘을 빌려 연락한다고.

"고마운마음을전화고싶은데어떻게해야잘지몰라서마음을전합니다."

소개받아 3남매 부부를 상담한 적이 있다. 보험은 다 있는데, 부족한 건 없는지 중복으로 가입된 건 없는지 점검받고 싶어 했다. 저녁시간에 집으로 방문하여 두 부부를 상담하고 즉석에서 와이프는 부족한 진단금을 보완하고 남편은 사망 쪽을 좀 더 추가하기로 결정하였다. 새로 보험에 가입하려면 고지의무를 작성해야 하기에 5년 이내에 입원, 수술, 재검사, 약물 복용 등등 없었냐고 여쭈어보니 와이프가 3년 전 양악 수술을 했는데, 보상받은 적은 없다고 했다. 미용 목적으로 하셨나 보다 생각했다. 그런데 이뻐지려고 한 게 아니라 부정교합으로 윗니와 아랫니가 맞지 않아 씹는 기능이 떨어지고 계속 신경 쓰다 보니 두통도 지속되고 해서 교정을 하려고 치과에 가서 검사를 했으나 검사 결과 교정이 허락지 않아 없는 살림에 1,250만 원이나 주고 수술을 한 거라고 했다.

"왜 보험사에서 수술비를 못 받으셨어요?
"담당 설계사가 안 된다고 하던데요?"
"왜 안 된다고 하던가요?
"비급여라서 이건 보험사에서 미용으로 본다고 하던데요"
"왜 교정을 안 하고 양악 수술을 하셨어요?
"검사했는데, 의사가 교정을 해도 턱 구조상 크게 효과를 볼 수 없으니 양악수술을 권하더라고요."

아! 어쩌면 보상이 될지도 모르겠다. 당시 윤용찬 대표님 보상 강의를 한창 받고 있던 중이라 대표님께 의견을 여쭈어보니 승산이 있으나 해당 보험사가 S사라 어렵게 갈 수도 있다고 말씀하셨다.

고객님께 당시 진료차트랑 수술확인서 등을 준비해 달라고 하고 어렵고 힘들고 시간이 오래 걸릴 수 있지만 한번 해 보자고 말씀드렸더니 흔쾌히 수술했던 서울 병원까지 가서서 서류를 준비해주셨다.

S사에 당시 수술을 했으나 수술비를 못 받았다. 지급해달라고 보험금 청구를 하니 당연히 전액 비급여이고 미용 목적이라 지급할 수가 없다고 한다.

의사 소견은 부정교합으로 인한 저작 기능(씹는 기능) 약화로 양악 수술을 했는데 왜 보험사는 미용 목적으로 보는지?

S사에서는 담당 의사를 찾아가 100% 치료 목적이었는지? 미용 목적은 없었는지? 소견을 받으니 의사가 치료 목적도 있으나 수술을 함으로써 미용의 효과도 볼 수 있다고 새로 받아온 소견서를 내밀었다. 어이가 없었다. 큰 회사에서 몇천만 원도 아닌 수술비 하나 안 주려고 손해사정사를 고용해서 이렇게 일을 처리한 걸 보니 한심하기 짝이 없었다. 내가 기필코 받아내고 말리라.

또다시 S사 공시실에서 해당 약관을 찾아 발췌하고 형광펜으로 밑줄 쫙쫙 긋고 빨간 펜으로 별표도 표시했다. 부지급 사유서를 받아 금융감독원에 민원을 넣었다. 내 고객님은 분명 치료 목적으로 했다. 새로 받아온 소견서가 치료 목적도 있고 미용 목적도 있다. 그럼 이걸 미용 목적으로 봐야 하나? 치료 목적으로 봐야 하나? 차트 어디에도 미용이다라고 명쾌하게 나와 있진 않다. 그런데 보험사에서는 안 준다. 금융감독원이 현명한 판단을 내려주길 바란다. 이렇게 민원 접수 대행을 해드리고 시간이 한참 흘렀다. 늦은 저녁 사무실에서 일을 하고 있는데 카톡이 왔다.

'카톡, 카톡, 카톡'

핸드폰을 열어보니 그 고객님이다. S사에서 보험금이 지급되었다는 문자 내용을 캡처해서 보내주셨다. 배고픔도 피곤함도 한꺼번에 달아났다. 당장 전화를 드렸다. 큰돈은 아니었지만 2개의 보험에서 75만 원과 100만 원 2종 수술비를 받았다. 그 뒤로 고객님은 믿고 보는 김지현 씨라고 무슨 일이 생기면 제일 먼저 전화를 주신다.

나는 이렇게 필요한 사람이다. 누군가에게는 조금 필요한 사람이고, 다른 누군가에게는 많이 필요한 사람. 그게 오늘이 될지 내일이 될지 모르지만, 고객들은 언젠가는 나를 찾게 되어있다. 나에게 보험을 들었고 안 들었고를 떠나 나는 나와 인연을 맺은 고객이 전화 와서 물어본다면 매몰차게 이야기하지는 않는다. 제가 알기론 이러한데, 담당 설계사한테 한번 물어보세요. 답변해 주실 거예요. 하지만 나는 보상이 된다고 했는데, 상대방 설계사가 이건 접수조차 안 되는 거라고 하면 대신 접수까지는 해드린다.

크게 돈이 들어가는 것도 아니고 내가 가지고 있는 지식 하나만으로 타인에게 도움이 된다면 나는 만족한다. 굳이 내 고객이 아니더라도…. 그래서 나는 일이 많다. 고객님들이 나에게 보험금 청구서 몰아주기를 하나보다. 본인뿐만 아니라 옛날에 가입해뒀던 부모님 보험도 살짝 애교스럽게 청구 대행을 원하신다. 대리점에서 근무하다 보니 이런 점은 좋다. 내가 도움드릴 수 있는 일이 있어서….

보험은 누구나 다 가지고 있다. 하지만 담당 설계사가 누구냐에 따라 당신은 보험금을 받을 수도, 못 받을 수도 있다. 보험을 부업으로 하는 설계사가 이런 걸 어찌 알까? 당연히 미용이고 비급여면 보험금을 못 받는다고 생각하지만 정작 실체는 다르다. 성형외과에서 쌍꺼풀 수술을 해도 치료 목적이라는 의사 소견만 있으면 보상을 받을 수 있다. 우리가 보험을 왜 가입하는가? 필요할 때 보상받으려고 가입해 놨는데, 막상 일이 터졌을 때는 보상이 안 된다고 한다. 물론, 안 되는 경우도 많다. 하지만 정말 지급이 안 되는 건인지 한 번 더 확인하고, 고객 편이 되어준다면 고객은 영원히 내 옆에 남아 있을 것이다.

궁금한 것도 많고, 하고 싶은 것도 많았다. 잠시도 가만히 있지 않고, 종일 움직인다. 휴일에는 절대 집에 있는 법이 없었다. 남들이 하는 건 다 하고 싶어 했고, 남들이 안 하는 것도 하고 싶어 했다. 남들이 생각하기에 정말 활발하고 적극적인 사람이구나 생각하겠지만, 과거의 나는 뭐든 혼자 하는 게 편했다. 우르르 몰려가서 뭘 배우기보단 혼자 알아보고 배우러 다녔다. 꽃꽂이도 종이접기도, 성인이 되어 다녔던 영어학원도…. 그래서 아이들에게 배우고 싶은 건 경험 삼아 한번은 해 보라고 한다.

전국 어디든 내 이름과 생년월일을 가지고 사주를 보러 가면 똑같이 하는 말이 두 가지 있다.

하나는 '역마살'이고 두 번째는 '말로 먹고사는 직업'이다

그중 공감하는 게 역마살이다. 처음 그 이야기를 들었을 때 피식 웃음이 났다. 정말 족집게 도사네.

하지만 어딜 가도 그 이야기는 꼭 했다. 역마살이 사주에 있다고….

그러고 보면 난 사주대로 살고 있음이 틀림없다. 이 직업을 선택한 뒤로 참 많이도 돌아다녔다. 좀 먼 곳이면 주말에 가족들과 함께 여행하듯 상담을 가기도 하고, 스마트폰이 발달했으니, 맛집 찾아 밥 먹고 그 지역 특산물을 사 오기도 하고….

그 먼 호주도 캥거루가 보고 싶어 덜컥 혼자 다녀왔고, 이국 만 리는 아니지만, 신랑 하나 믿고 충청도로 시집을 왔고, 언제든 비행기 표 끊어 '쉴 휴'를 만끽하러 떠날 준비도 되어있다.

남편은 토요일도 일을 하는 날이 많았다. 일요일이야 신랑과 함께 놀 수 있지만, 토요일 하루도 허루루 보내기가 아쉬워 딸아이와 함께 인형극도 보고, 서울 구경도 가고, 체험을 많이 다녔다. 둘째가 태어나고 말 그대로 독박 육아로 주말 내 생활은 없어졌지만, 집에서 뒹굴뒹굴하며 퇴근할 남편을 기다리는 건 더 지루했다. 그래서 선택한 게 영화 보기였다. 신생아는 하루에 절반은 잠을 자기에 둘째 낮잠 시간에 맞춰 영화를 예매했다. 딸이랑 자리를 잡고 나란히 앉아 영화 시작 전 우유를 먹이고 둘째를 품에 안고 재웠다. 어린이 영화는 길지 않기에 영화가 끝날 때까지 아이는 꿀잠을 잤다. 여러 번 성공도 했지만, 간혹 우유를 먹고도 안 자거나, 큰 소리에 놀라 자다가 깨서 우니 주변 사람들에게 민폐인 것 같아 몇 번 하다가 그만뒀다.

부산에서 첫 직장 다닐 때 동갑인 친구 수경이를 만났다. 헌혈하고 받은 헌혈증으로 함께 영화를 보면서 친해졌고, 결혼 후 몸은 멀어졌지만 멘탈은 더 가까워졌고, 가만 보면 남편보다 이야기가 더 잘 통한다. 부산에서 커피숍을 3개나 운영하던 친구인데 본인 말로는 2개는 시원하게 말아먹고 지금은 한 개만 운영 중이다. 그녀에게서 어느 날 카톡이 온다. 일상 넋두리 속에 어디 가서 쉬고 오면 좋겠다는 이야기가 나왔고, 여행 가자. 갈 거면 비행기 타고 멀리 가자. 그러면서 카톡 주고받기를 10여 분.

그동안 우린 장소를 정하고 비행기 표를 덜컥 예매해버리고 말았다. 나의 역마살 못지않게 그녀의 역마살 또한 인정할 수밖에 없었다.

하늘을 난다면 이런 기분일까? 그날은 종일 붕붕 떠 있는 기분이었다. 결혼 후 친구와의 단둘이 여행이라. 지금 생각해도 가슴 뛰는 일이다. 고객도 가족도 잠시 뒤로하고 나를 재충전하기 위해 떠나는 여행.

그렇게 시작된 여행은 이후에도 몇 차례 더 계속되었다.

　어릴 때 나의 꿈은 유치원 선생님이었는데, 대인공포증이 있어서 이것도 접었다. 아이든 어른이든 사람들 앞에서 이야기한다는 건 생각만 해도 가슴이 철렁 내려앉는 일이었다. 하지만 지금은 여러 사람들 앞에서 강의도 하고, 많은 사람들이 모인 자리에서 주도적으로 이야기도 곧잘 한다. 내가 이렇게 발전하는 데는 계기가 있었다.

　당시 우리 회사는 매달 입사 설명회를 했다. 어떤 일을 하는 곳인지, 비전은 있는지 이력서를 들고 면접을 보러 오는 게 아니라 뷔페를 빌려 놓고 회사를 설명하고 간단한 Q&A 진행 후 식사를 함께하는 자리였다. 보험회사 입사하고 6개월쯤 지났을 무렵, 당시 단장님이 입사 설명회를 할 때 사람들 앞에서 나의 입사 스토리와 그동안의 힘들었던 점, 나름 성공한 스토리를 15분 정도 이야기해줬으면 한다고 하셨다. 상상도 못 할 일이었다. 남들 앞에서 이야기를 한다? 그 자리는 초대 손님만 있는 것도 아니고 그 사람들을 모시고 온 회사 선배들도 있고, 다른 지점 지점장님들, 매니저님들…. 에휴…. 난 절대로 못 할 것 같다고 거절했지만…. 날짜는 임박해 오고 할 사람이 나밖에 없다고 날 설득하셨다. 하기로 마음먹고 며칠 동안 글을 썼다. 그리고 암기에 들어갔다. 15분 이야기하려고 일주일은 골머리를 싸맸다. D-day 전날은 정신이 말똥말똥해서 잠도 안 왔다. 누워서 대본을 외우기를 수십 번. 막힘없이 하기란 결코 쉽지 않았다. 하다 보면 이야기가 꼬여서 뒷이야기가 앞으로 오고, 중간에 다른 스토리가 붙기도 하고, 잠시 잠들었다가도 다시 깨면 처음부터 또 중얼중얼….

　정말 다크서클이 발등을 찧을 정도로 피곤한 기색으로 행사장으로 갔다. 행사가 진행되는 동안 대본이 적힌 수첩을 들고 눈을 감고 쉼 없이 중얼거렸다. 내 차례가 되고 행사장을 가득 채운, 족히 40명은 되는 사람들 앞에서 외운 대로 이야기를 했다. 내게 할당된 시간이 끝나고 자리로 돌아왔는데, 잘하긴 했는지…. 머릿속은 점점 하얘졌다.

행사가 끝나고 단장님이 불러서 단장님 실로 내려갔더니, 잘해줘서 고맙다고 상품권을 주셨다. 그리고 한마디 하셨다.

"오늘 반응이 좋던데, 다음 달에 한 번 더 해야겠어요."

그 뒤로 나는 두 번을 더 그 자리에 설 기회를 얻었다. 처음에는 심장 떨리던 일이 두 번이 되고 세 번이 되니, 그 두근두근 심장 소리도 즐길 수 있는 여유가 생기더라. 그렇게 나는 보험회사에 입사해서 대인공포증을 벗어났다. 지금 생각해 보면 어쩌면 처음부터 나에게 대인공포증 따위는 없었을지도 모른다. 그냥 대중 앞에서 이야기하는 게 서먹해서 30년을 나서서 이야기하지 않고 살아왔을지도 모른다.

그 일이 있은 뒤로 가끔 대중들 앞에서 사례발표 할 일들이 있었다. 거절하지 않고 못 한다는 소리 하지 않고, 내가 할 수 있는 일이라면 하려고 노력했다. 나의 이야기를 듣고 누군가가 방향을 찾았다면 그것 또한 나를 성장시키는 일이라고 생각했다.

입사 13차 월이 됐을 때 교육 이수 이력을 본다. 지난 1년 동안 교육 받은 걸 확인하는데, 지점장님이 깜짝 놀라 나를 부르셨다.

"김지현 TC님 이거 다 받은 거 맞죠? 우와~ 진짜 신기하네."

"뭐가요?"

하고 교육 이력을 보니, 입사해서 받는 신입 교육부터 대전으로 3일 출퇴근을 했던 콜 교육, 입사 6차 월에 서울로 2박 3일 숙박 교육이었던 대면 스킬 교육, 마지막 12차 월에 받았던 트레이너 교육까지 12가지 교육이 하나도 빠짐없이 '이수'라고 되어있었다.

필수 교육이 있고 선택교육이 있다. 선택교육은 사정이 여의치 않으면 안 받아도 되는 교육이고 필수 교육도 정말 사정이 안 되면 스킵해놔도 교육 안 받았으니 당장 그만두라고 하지는 않는다. 그런 교육과정 12개를 3살 애 키우는 엄마가 다 들었으니 그때 지점장님은 나의 성실함을 보셨던 것 같다. 의지만 있으면 못할 일은 없다고 생각했다. 그 생각은 지금도 변함이 없다. 아침 7시 출발해야 하는 교육이라면 전날 근처 시댁에서 자기도 했고, 2박 3일 집을 비워야 하는 일이 생기면, 시어머니든 친정엄마든 부탁을 해서 집으로 오시게 했다. 그 당시 1년 동안 빠짐없이 모든 교육을 이수했다는 건 흔치 않은 일이었고, 이후 내가 매니저 면접을 볼 때 상당한 플러스 점수가 되었다.

그렇게 회사에서 하는 모든 교육은 참석했고, 자격증반이라도 열리면 신청해서 공부했다. 시간이 남아돌아 공부한 게 아니라 이 일이 재미있었기 때문이다. 그리고 이 업을 오래 하고 싶었다. 하면 할수록 내가 부족한 부분이 있었고 그걸 채울 수 있는 건 입의 힘이 아니라 머리와 경험이라는 걸 알고 있기에 끊임없이 관련 서적을 읽고 공부를 했다. 보험 공부하듯이 학창 시절 공부를 했더라면 난 정말 서울대를 갔을 것이다.

진짜 서울대학교에서 공부한 적이 있다. 회사에서 서울대학교 생활과학 연구소와 제휴해 '은퇴설계 전문가 과정' 강좌가 개설되었다. 일주일에 한 번, 매주 금요일, 종일 수업이 진행되었다. 2015년 여름이 시작될 때 KTX를 타고 서울과 천안을 오가며 공부를 했고, 구내식당에서 밥도 사 먹었다. 97학번인 내가 대학을 다닐 때는 학교 식당 밥이 1,500원이었던 걸로 기억하는데, 서울대는 밥값도 비싸더라. 만원 전후였던 것 같다. 그렇게 한동안 서울대생 코스프레를 하고 지냈다. 여름이 끝날 때 내 손에 쥐어진 건 수료증 한 장이었지만 그동안 잘 몰랐던 상속이나 증여에 대해 배울 수 있는 뜻깊은 시간들이었다.

　요즘 인터넷이 발달해 정보는 넘쳐 나고 스마트폰으로 할 수 있는 일들이 많아졌다. 예전에는 관련 책들을 읽었지만, 이건 한계가 있었다. 내가 원하는 정보를 딱 찾을 수가 없고, 찾기 위해 책을 뒤적거려야만 했다. 하지만 스마트폰을 손에 쥔 뒤로 나의 활동 영역은 넓어졌다. 저녁에 잠들기 전 스마트폰은 필수다. 마흔이라는 나이에 벌써 노안이 찾아왔지만, 침대에 누워 내가 가입한 카페로 들어간다. 비슷비슷한 카페만 4개다. 그곳에서 오늘 올라온 글들을 놓치지 않고 쭉 읽어본다. 보상 관련 질문에 댓글은 마지막까지 꼼꼼히 읽어본다. 이해가 되지 않는 글들은 두 번이고 세 번이고 다시 읽어 본다. 올라온 질문에 댓글이 달려있지 않으면 내가 아는 범위 내에서 댓글도 달아준다. 분명히 이 사람은 이제 갓 보험에 입문한 신입일 것이다. 고객이 질문했는데, 본인도 답답한 마음에 이곳에 글을 남겼을 것이다. 온라인으로 맺어진 얼굴도 모르는 사람들이지만 같은 보험을 하는 사람으로서 욕먹지 않고 오랫동안 일을 할 수 있길 바라본다.

겨울이 시작되기 전 시어머니가 맛있는 호박 고구마를 가져다주셨다. 자식들 따라 고향인 금산을 떠나 천안으로 오신 지 12년 차인 시어머니. 소일거리를 찾아 시작하신 게 동네 빈 텃밭에다가 농사짓는 일이셨다. 작은 땅덩어리지만 알차게 있을 건 다 있다. 상추, 오이, 애호박, 파, 가지 등을 가끔 집에 오실 때마다 한 봉지씩 가져다주셨는데 가장 크게 하시는 농사가 고구마 농사다. 식구들 먹을 만큼 조금만 농사짓는다고 하셔도 혹시 잘못될까 싶어 넉넉하게 고구마 모종을 사다 심으셨다. 올해 고구마 농사는 잘되지 않았지만, 그래도 식구들 먹을 만큼은 나왔다고 흡족해하셨다. 그중 큰놈만 골라 우리 집으로 한 박스 보내주셨다. 형님네와 다르게 우리 집은 고구마를 구워 먹기 때문이다. 군고구마를 좋아하는 두 녀석 덕분에 오자마자 따끈따끈 군고구마를 구워 한 접시 내놓았다.

맛있게 먹다가 아들이 묻는다.

"엄마, 엄마는 커서 뭐 될 거야?"
"엄마? 엄마는 벌써 다 컸는데?"
"아니~ 더 커서~ 나중에 할머니 되면 뭐 할 거냐고?"
내가 말뜻을 이해 못 했다고 생각했는지 약간 짜증 섞인 목소리로 한 번 더 묻는다.
"아~ 할머니 되면? 음…. 엄마는 놀 건데? 예준이랑 같이 살아야지. 예준이 아이들도 봐주고…. 엄마가 그때는 맛있는 음식도 해주고…."
어릴 때 말고는 커서 뭐가 될까? 한 번도 고민해 본 적이 없는데, 아들의 기상천외한 질문에 당황했고, 할머니가 된 나를 상상하고 있는데 또다시 질문이 훅 들어온다.

"놀부 같은 거 안 해?"

"웬 놀부? 엄마가 놀부처럼 나쁜 사람이 되면 좋겠어?"

"아니~~~농부! 놀부 말고 농부 같은 거."

"아~ 미안 미안. 농부? 엄마가 농부 했으면 좋겠어?"

"어! 나는 엄마가 나중에 탕정 할머니처럼 농부 같은 거 하면 좋겠어. 예준이 고구마 좋아하니깐, 집에서 놀지 말고 농부 해. 꼭!"

헉!

어머니 밭은 산비탈에 있다. 가벼운 채소는 밭에서 툭 따서 그냥 들고 온다지만 고구마를 옮기는 건 쉬운 일이 아니다. 고구마 줄기를 따라 흙을 파고 고구마를 꺼내 자루에 담아 그 자루를 끌고 도로까지 내려와야 한다. 꽉꽉 채운 자루가 좀 무거운가? 밭에서 고구마를 옮겨 오면서 농사 그만 지으시라고. 이거 한 박스 사 먹으면 되는데, 뭐 하러 농사지으셔서 며느리 힘들게 하냐고 투정을 부렸지만, 그것 또한 매년 있는 일이기에 어머님은 맘에 새기지 않으셨으리라. 맛있는 고구마를 3만 원이면 사 먹는데 심지어 집 앞까지 배송도 해 주는데 어머님이 농사지으셔서 이걸 또 차 트렁크에서 내려 주차장을 지나 12층까지 가지고 올라가야 한다. 내가 아무리 툴툴거려도 어머님은 내년에도 고구마 농사를 지을 것이고 잘 먹는 손주들 생각에 맛있는 고구마를 키워서 집집이 나눠 주실 것이다. 그게 70세가 넘은 어머님이 하실 수 있는 자식 사랑이니깐.

그런 나에게 아들이 농사를 지으란다. 본인이 고구마 좋아하니깐 할머니처럼 고구마 농사를 지으라는 말에 피식 웃음이 나면서도 나는 농사는 못 지을 것 같다는 생각이 들었다.

도시에서 자라 텃밭에서 채소가 열리는 것도 신기했고, 재미 삼아 밭에 놀러도 다녔지만, 재미 삼아 할 일이 결코 아니란 걸 안다.

아들에게 알았다고 하고 상황은 마무리되었지만, 마음속으로 생각했다.

'예준아. 엄마가 농사는 못 지을 것 같아. 그 대신 맛있는 고구마는 끊이지 않게 사 줄게. 엄마 도시 여자야. 그런 거 못 해.'

어릴 때 꿈꾸던 장래희망은 이루어지지 않았다. 내 나이 마흔에 또 다른 장래희망을 고민해 본다.

이미 다 커 버린 어른이지만 아들 말대로 지금보다 더 컸을 때 나는 무엇이 되어있을까?

처음부터 이 일을 천직이라고 시작하지는 않았다. 면접을 볼 때 보험왕이 되어야겠다고 생각하지도 않았다. 하다 보니 이 일이 재미있었고, 누군가에게 도움을 줄 수 있다는 자부심으로 지금까지 일을 하고 있다. 지금의 내 일은 톱니바퀴 물려 돌아가듯 착착 맞아떨어지고 있다. 고객 수도 어느 정도 안정적으로 있고, 고객들이 적당히 소개도 해 주면서 내가 먹고사는 데는 전혀 지장이 없다. 1년에 한 번씩 돌아오는 자동차 보험은 만기가 되면 특이사항이 없는 한 갱신도 꼬박꼬박 해준다.

주 5일 근무에 빨간 날은 다 쉬고, 시간 조절만 잘하면 일찍 퇴근도 가능한 일이다. 노동시간 대비 내가 받는 월급은 감사하게도 너무 많다. 주부가 어디 가서 이만큼의 월급을 받을까? 꼬박 10시간 일해도 대한민국의 노동자가 받는 월급은 200만 원 남짓이다. 경력이 10년 정도 쌓여 중소기업 과장쯤 되면 300~400만 원 받겠지만, 야근도 있고 휴일

업무도 있을 것이다.

초등학교에 다니는 큰 아이는 고학년임에도 그 흔한 영어 학원을 다니지 않는다. 일단 본인이 영어를 학문적으로 배우고자 하는 의지가 없고 집에서 책을 보거나 온라인 학습으로도 학교 교과는 따라가고 있다는 본인 판단에서이다. 하고 싶어 하고 재능이 있다면 공부를 시키겠지만, 서울대 가는 놈은 인원수가 정해져 있고 엄마의 정보력이 우리 아이의 대학을 판가름한다는데, 그렇게 점수에 맞춰 들어간 과가 적성에 딱 들어맞아 내리 4년을 공부하고 전공 살려 취직할 거라고는 생각하지 않는다. 이미 우리 세대에 다 경험해 보지 않았는가? 대학을 나와 취직을 했다가도 결혼과 동시에 경력이 단절되고, 아이를 키워놓고 재취업을 하려고 해도 전공 살려 들어가기는 힘들다. 복직이 가능한 직장은 손가락에 꼽을 정도로 적다는 것도 알고 있다.

우리가 아이들을 공부시키는 이유는 뭘까?

공부 잘해서 좋은 대학 가고, 좋은 대학 나와서 전문성을 가진 '사'자가 들어가는 업을 가지거나 대기업에 취직하거나 공무원이 되길 바란다. 궁극적인 목표는 돈 잘 버는 곳에 취직하는 것이다. 그렇다면 나는 우리 아이들이 보험설계사를 하는 것도 나쁘지 않다고 생각한다. 말단 사원으로 입사해 밤새워 일하고, 직장 상사 눈치 보여 월차 하나 마음대로 사용할 수가 없는 평범함 회사원이 되느니 내가 차려놓은 밥상에 숟가락 하나 없는다면 처음 시작하는 그 누구보다 조금 더 쉽게 시작할 수 있을 것이다. 엄마랑 딸이, 아빠와 아들이 보험을 같이 하는 걸 가끔 본다. 그들을 보고 있노라면 전율이 흐르고 입가에 미소가 절로 나온다. 나는 그걸 감히 장인정신이라 부른다.

외국에서는 사람이 죽으면 '사'자의 직업을 가진 3명이 찾아온다고 한다.

의사, 장의사, 보험설계사.

의사는 사망 진단을 내려주기 위해서고, 장의사는 죽은 사람의 장례를 치러주기 위해서고, 보험설계사는 남겨진 가족에게 보험금을 전달하기 위해서라고 한다.

그만큼 외국에서는 설계사라는 직업을 의사 못지않게 높이 평가해주고 아무나 하는 일이 아니라고 한다. 하지만 우리나라에서는 보험설계사에 대한 인식이 좋지 않다. 아니 나쁘다. 일을 하면서 그런 시선을 많이 느꼈고, 상대방의 그런 고정관념을 깨기 위해 절대 주눅 들지 않고, 어디에서나 떳떳하게 행동했다.

'설계사가 다 그렇고 그렇지.'

'보험회사만 도둑놈인가? 설계사도 다 그렇지~.'

'저 사람 보험회사 다니는데, 보험 하나 들어달라고 하면 어떡하지?'

내가 나를 소개하지도 않았는데, 업무적인 자리가 아님에도 처음 만나는 사람들은 적당한 선을 긋고 나를 경계했다.

설계사는 보험회사 편이 아니라 고객 편이란 걸 몸소 보여줬고, 고객의 입장에서 보험사에 따지기도 여러 번. 아마 나는 보험사에서 보면 블랙리스트 설계사일지도 모른다. 지금까지 그 누구에게도 보험 하나 들어달라고 구걸하지 않고 먼저 찾아오게 했다. 그들이 찾아왔을 땐 내 실적을 위해 설계하지도 않고, 우리 가족의 미래를 준비한다는 마음으로 보험료는 항상 최소로 준비할 수 있게 했다. 물론 고객이 된 사람도 있고, 아닌 사람도 있지만 나와 인연이 되지 않았다고 섭섭해하거나 속상해하지도 않았다. 어차피 인생은 돌고 도는 거니깐.

고객은 아니지만 친하게 지내는 사람들이 꽤 있다. 대개가 큰 아이, 작은 아이와 연결된 학부모들이다. 유치원 자모에서부터 학교 엄마들이다. 처음부터 내 직업을 드러내놓지 않았더니 엄마들 사이에서 예원이 엄마는 학교 선생님이라는 소문이 돌았다. 항상 정장을 입고, 똑같은 시간에 출근과 퇴근을 하니 그리 생각했나 보다. 몇 해가 지나고 친해졌을 때도 그들에게 보험을 권유하진 않았다. 보험은 필요에 의해서 들어야지 부탁으로 들어주게 되면 그 보험의 생명력은 오래가지 못하고 그 관계가 틀어졌을 때 깨지기 마련이다. 내 직업을 알고 나서 그녀들은 가끔 전화해서 물어는 본다.

"우리 시누이가 보험 하잖아~. 이번에 이런 거 하나 가입하라고 하는데 자기 생각은 어때? "

"시어머니가 이런 보험 가지고 있는데, 이번에 하지 정맥 수술을 하셔서…. 여기서 보상받을 거 있어?"

내 고객이 아니라고 내치지 않는다. 내가 배운 게 이 일이고, 할 수 있는 게 이거라면 기꺼이 그들에게 내 지식을 나눠준다고 해도 나는 손해 볼 게 하나 없으니깐.

어쩌면 그들은 미래에 우리 아이들의 고객이 될 수도 있으니깐….

제 2 장

이렇게 시작했다

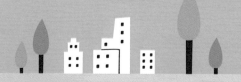

결혼, 그리고 천안

29살. 내년이면 꽉 찬 서른이다.

집안에서 맞선 이야기가 오고 가고, 분위기를 봐서는 곧 결혼을 해야 할 것 같았다. 그 당시 남자친구는 1살 연하였고, 대학을 갓 졸업한 요즘 말로는 취준생이고, 그 당시는 그냥 백수였다. 금산과 부산을 오가는 장거리 연애라 오래가지 못할 거라 생각했고, 집에 소개하지 않고 몰래 데이트를 하고 있던 찰나였다. 그해 여름까지도 연하남은 계속 백수였고, 선 자리가 들어와 선을 보겠노라고 했더니, 인사를 오겠다고 했다. 아홉수에는 절대 결혼을 하지 않는다고 했는데, 스물아홉은 절대 넘기지 않겠다는 나의 의지가 있어서였나? 그렇게 시작된 인사 자리가 다음번 만남에서는 상견례로 이어졌고, 11월로 결혼 날을 잡았다. 남자친구는 결혼 날을 잡음과 동시에 발등에 불이 떨어졌는지, 그렇게 안 되던 취업도 번갯불에 콩 구워 먹듯 금방 일자리를 얻어 금산에서 천안으로 거처를 옮겨 잠시 누나 집에 얹혀살았다. 그렇게 해서 우리의 첫 신혼집은 천안이 된 것이다.

2004년 2월. 외국은 한 번도 가 본 적이 없는 27살 아가씨가 짐을 싼다. 이민을 가는 것도 아닌데, 처음 나가는 해외여행이라 캐리어에 치약, 칫솔, 수건, 옷가지 등을 꾸역꾸역 쑤셔 넣었다. 지금 생각해보면 그 나라에 가도 다 파는 생필품인데, 혹시 말이 안 통해서 못 살까 봐 사소한 것까지 다 챙겨서 갔다. 그렇게 준비를 하고 처음 가는 해외여행을 3박 5일, 4박 6일 동남아도 아니고 지구 반 바퀴를 돌아 1년씩이나 다녀왔다. 하늘과 땅이 맞닿은 멋진 구름 아래 엄마 캥거루와 아기 캥거루가 멀뚱히 서 있는 사진을 보고 살아생전 여기를 한 번 가 봐야겠다 마음 먹고 준비하기를 3년. 회사 마치고 영어 학원을 다녔고, 워홀 카페에 들어가 정보도 얻어 가며 준비했다. 그 넓은 땅덩어리에 가서 어떻게 생활할지 계획을 세우고, 처음 목적지는 한국인이 많이 없다고 알려진 '퍼스'로 정했다.

호주에서의 생활은 지금 생각해도 설렌다. 꼭 다시 한번 가보고 싶은 호주. 그곳에서의 생활이 낭만적이었던 건 아니다. 대부분의 워홀러들이 그러하겠지만, 넉넉하게 생활하는 것도 아니고 농장 생활이나 시티잡으로 주급을 받아 생활한다. 처음 퍼스에서의 3개월은 그곳에서 영어 학원을 다니며 4인실 백패커에서 생활을 했다. 공부하기에는 열악한 환경이었지만, 형편이 넉넉해 홈스테이할 처지는 아니었고 그곳에서의 생활은 처음 내가 말문을 트는 데 큰 역할을 했다. 백패커 맏언니인 일본인 미유키는 나와 룸메이트였다. 내가 머무르는 3개월 동안 우리 둘을 제외하고는 드나드는 여행객들로 룸메이트들은 자주 바뀌었다.
"어느 나라 사람인가요?"
"얼마나 퍼스에 머무를 건가요?"
"만나서 반가워요"
이 세 마디는 확실하게 배웠다. 여행객들이 많았기 때문에 거실에 앉아서 숙제라도 하고 있으면, 신기해하면서 정답을 알려주기도 했고, 같이 둘러앉아 맥주도 마시며 거실에 틀어놓은 심슨 가족을 보며 이해하지도 못하면서 남들이 웃으면 따라 웃기도 하는 나의 어설픈 호주 생활은 그렇게 시작되었다.
3개월 동안 나름 언어를 마스터하고 영어, 외국인에 대한 울렁증이 사라질 즈음 돈을 벌기 위해 시드니로 갔다. 시드니에는 '두리하우스'라는 유명한 한인 게스트 하우스가 있다. 그곳을 목적지로 선택한 이유는 한국어로 정보가 교환되기 때문에 정확하다고 믿었기 때문이다. 그곳에서 며칠 생활을 하며 시티에서 할 수 있는 일을 알아봤으나, 스시 집 서빙이나, 그릇 닦는 일이 주였다. 어느 날 같이 룸을 쓰던 실비아(1살 많은 한국인 언니)와 와인 잔을 기울이다 시드니에 있으니 농장에 가서 일하는 게 낫겠다는 결론을 내리고 다음날부터 농장 구직을 했다. 여기저기 전화를 해서 일자리가 있냐고 물어보기를 수차례, 시즌이 끝났다는 곳이 많았다. 그러다 우연히 전화를 건 농장에서 자리가 있으니 당장 오라고 했다. 다음날 바로 짐을 싸서 농장으로 향했다. 시드니에서 브리즈번을 지나 꼬박 3일 만에 도착한 곳은 번다버그.

번다버그에서 본격적인 농장 생활이 시작되었다. 번다버그의 감자칩이 그립고 오후 5시가 되면 해피아워라고 해서 맥주 한 잔이 1달러에 판매되었던 그 시절…. 요즘도 그 순간을 함께 공유했던 사람들을 만나면 감자칩과 해피아워는 빠지지 않는 안줏거리다. 새벽 4시에 일어나 준비를 하고, 도시락을 챙겨서 농장으로 향했다. 일은 대개 5시에 시작되었고, 농장에서 데리러 오거나 주인 할아버지가 20년은 족히 넘어 보이는 봉고차로 태워주기도 했다. 매번 같은 농장을 가는 게 아니라, 숙소로 일자리가 들어오면 주인 할아버지가 내일 갈 농장과 작물 이름을 적어 매일 저녁 8시 게시판에 붙여놓으셨다. 쉬운 농작물도 있었고, 힘든 농작물도 있었는데, 뭐니 뭐니 해도 가장 힘든 건 쥬끼니(서양 애호박)였다. 호박이 어른 팔뚝만 했다. 그걸 양동이에 담아 한 바켓당 돈을 받았던 것 같다. 숙소로 돌아와 쥬끼니 힘들다고, 쉬운 거 할 수 있게 해 달라고 주인 부부에게 맛난 것도 가져다주고 했던 기억이 난다. 가장 많이 했던 게 방울토마토였는데, 내 키보다 조금 작은 토마토 나무가 있으면 위에서부터 아래로 빨갛게 열린 토마토를 따서 소쿠리에 담아 두면 농장주가 트랙터를 타고 실어 날랐고 한 소쿠리당 얼마씩 돈을 받았다. 그렇게 시작된 농장 일은 3시가 되면 끝이 났다. 흙 먼지를 뒤집어쓰고 집으로 돌아오는 차 안에서 낭만적인 호주의 경치를 감상할 틈도 없이 곯아떨어지기 일쑤였다. 한 번은 토마토 농장을 갔는데, 한 고랑이 족히 1km는 되어 보였다. 전래동화에 나오는 게으름뱅이 소가 된 기분이었다. '아~ 이 밭을 언제 다 갈아?' 하는 심정으로 반대편을 바라보는데 토마토 밭 끝에서 붉게 떠오르는 해를 보았다. 그래도 풍경은 이쁘네. 카메라라도 있으면 사진이라도 찍어뒀을 텐데…. 달력의 한 페이지 같은 그날의 일출은 내 마음속에 저장!

번다버그 농장에서 지금의 남편을 만났다. 그는 대학 친구와 함께 케언즈로 들어와서 그곳에서 3개월 학원 생활을 마치고 농장으로 왔다고 했다. 그때 모두가 그러했지만, 한국을 떠나온 실향민 같은 마음으로 같은 한국인이라는 동질감도 있었고, 생활하는 15명 남짓의 모두가 언니, 오빠, 동생 하며 친하게 지냈다. 가장 힘들 때 함께했던 사람들이 농장에서 만난 사람들이었다. 동갑 커플도 있었고. 연예인 뺨치게 멋진 친구도 있었고, 경상도 사투리가 구수한 오빠도 있었다. 으레 헤어질 때 다들 그러하겠지만, 한국 연락처를 주고받고 다들 각자 귀국해서 한국에서 몇 번의 모임이 있었다. 그때 친해져서 과감히 신랑과의 연애를 시작했다.

1년 조금 넘는 기간의 연애였지만, 매주 만나 데이트를 한 것도 아니고, 가끔 만나도 즐겁고, 유쾌했다. 결혼 전까지도 나를 '누나'라고 불러줬다. 대부분의 결혼이 그러하겠지만, 좀 더 함께 있고 싶어 집에 소개했는데, 흔쾌히 결혼을 허락해 주셨다. 지금 생각해보면 우리 부모님은 친부모님이 아니었나 보다. 나라면 두 손 들고 반대했을 것이다. 딸이 뭐가 부족하다고, 직장도 없는 놈한테 시집 보낼 생각을 하셨는지, 아직도 미스터리이다. 그렇게 우리는 결혼을 했고, 천안에서 신혼살림을 차렸다.

막상 결혼이란 걸 하고 천안에 오니 아는 사람이라고는 시어머니와 근처에 사는 신랑 큰 누나네와 작은 형네였다.
이렇게 3집이 옹기종기 5분 거리에 모여 살았다. 할 줄 아는 음식도 없었고 친구 하나 없었고, 아는 사람 역시 아무도 없었다. 몇 달 만에 안면 트고 인사 주고받는 사람이 택배 아저씨였다. 그렇게 주부 놀이를 3개월쯤 했을 때 임신 소식을 접했다. 지금은 내 보물 1호인 예원이를 첫 번째 결혼기념일 선물로 만났다.

내 인생 후반부를 시작했던 천안은 다양한 사람을 만났던 곳이다. 첫 아이 돌 지나고 보험을 시작했으니 천안에서의 인맥은 모두 보험회사 사람들로 이루어져 있다고 해도 과언이 아니다. 원수사 지점장부터, 총무, 돌고 돌아 타사에 가있는 설계사들, 심지어 그만둔 설계사들까지. 어디 설계사들뿐인가? 천안에 내가 아는 대부분의 사람들은 고객으로 인연을 맺은 사람들이다. 내가 흠 안 잡히고 열심히 살려는 데는 2가지 이유가 있다.
하나는, 나는 이 일을 계속할 것인데, 보험설계사 김지현이라는 이름에 흠집을 내고 싶지 않고, 다른 한 가지는 이곳에서 나고 자란 어쩌면 좁디좁은 천안 바닥에서 우리 아이들에게 상처를 주고 싶지 않아서이다.
천안은 토박이보다는 타지 사람들이 많다. 많은 사람들이 직장 때문에 왔다가 발령이 나서 다른 곳으로 가기도 하지만, 언제 또 발령이 나서 다시 올지 모르는 곳이다. 김지현이라는 이름으로 살고 있지만 나는 예원이, 예준이 엄마니깐! 아이들 이름에 책 잡히지 않게 오늘도 부지런히, 바람직하게 살려고 노력한다.

출산 예정일을 2주 남겨두고 진료차 병원에 갔더니, 자궁이 2cm나 열렸다고 분만실로 올라가서 출산 준비를 하라고 했다. 아이 낳는 게 이리 쉬운가? 드라마에서 보면 눈앞에 별이 보이고, 남편 머리채도 쥐어 잡던데 정작 나는 아무런 느낌도 없는데, 벌써 아기가 날 만나러 오다 니…. 내가 상상하던 꿈에 그리던 출산 분위기는 아니었다. 분만실 들어가면 몇 시간이 걸릴지 모른다는 언니의 말에 밥을 먹고 오겠노라 했건만, 의사 선생님은 그건 위험하니 얼른 올라가서 대기하라고 했다. 엉겁결에 분만실로 향했고, 마음의 준비를 다 했건만 아이는 나오지 않았다. 그런 상태에서 밤을 지새우고, 다음날 새벽 진통도 없었는데, 양수가 터졌다. 무통 주사를 맞아가며 출산의 고통을 온몸으로 느껴도 더 이상 진행이 되지 않았다. 진통이 시작된 지 반나절이 지났는데도, 아기가 나오지 않자, 이것저것 검사를 하더니 아기 호흡이 불규칙하니 수술을 하자고 했다. 나는 더 버틸 수 있을 것 같은데, 아기가 위험하다고 하니 급하게 수술이 진행되고 30분도 채 안 되어서 세상에 나온 딸. 그렇게 힘들게 엄마에게로 온 게 예원이었다.

출생 당시 양수를 먹어 인큐베이터에서 지냈었고, 황달기까지 겹쳐 며칠 더 치료를 받았다. 제왕절개 수술에 인큐베이터 사용료까지 병원비가 200만 원을 훌쩍 넘었다. 당시 자연분만을 하면 3일 입원에 병원비가 30만 원 남짓이었는데, 수술 때문에 일주일 입원을 하면서 뜻하지 않은 예산초과였다. 태아보험이 있었지만, 엄마 친구에게 가입했던 보험은 CI 보험이었고, 이후 입원 일당으로 16만 원을 받았다.

그때 알았다. 실비보험이라는 걸⋯.

내가 사용한 병원비를 돌려받는 보험. 2007년 의료실비를 가입하려고 했으나 딸아이는 태어나면서 인큐베이터에서 지냈던 터라 받아주는 보험 회사가 없었다.

더위가 한풀 꺾일 때 즈음 전화가 한 통 왔다.

"예원이 어머님 되시죠?"

"예⋯. 어디세요?"

"○○○카페 회원 가입하셨는데, 저희랑 제휴가 되어있어서 안내 차 연락드렸습니다. 이벤트로 000 쿠폰을 무료로 전달해드리고요⋯. 오늘 통화되신 회원님들께 특별히~"

뒤로 이어지는 내용은 우리가 흔히 들어서 알고 있는 보험회사에 관한 내용이었다.

"안 그래도 실비에 가입하고 싶었는데, 가입 가능한 곳이 없었어요. 혹시 가입 가능한지 알아봐 주실 수 있으세요? 그런데, 혹시 신입이세요?"

짧은 통화 내용에서 많이 긴장한 듯한 그녀는 본인의 의지가 아니라 뭔가를 읽고 있다는 느낌이 들었다.

나의 질문에 그녀는 이제 막 일을 시작한 신입이라고 했고, 예원이 가입 가능한지 확인해 주겠다고 하고 전화를 끊었다.

전화를 끊고 나니 나도 아줌마 다 됐다는 생각에 피식 웃음이 나왔다. 예전 같으면 아예 이런 전화를 받지 않았을 건데, 오는 전화 다 받아주고, 그래도 왕년에 콜센터 밥 먹었다고 이 사람 초짜네?라는 감도 있고, 그걸 드러내 놓고 신입이냐고 물어보기까지 했다. 이 정도면 아줌마의 뻔뻔함은 삼박자 다 갖춰가고 있는듯했다.

신입인 걸 알았기에 전화를 함부로 끊을 수가 없었다. 지금 일을 시작하는 사람에게 내가 뭐라고 상처 줄까 봐⋯. 내가 "됐어요. 필요 없어요!" 하고 전화를 끊어버리면 주눅 들어 다음 사람에게 전화를 못 걸까 봐 그래서 한 마디 한 마디 또박또박 읽어가는 그녀의 이야기를 다 들어줬는지도 모르겠다. 그리고 생각했다. 이 사람이 다시 전화 오면 보험 하나 들어줘야겠다고⋯.

시간이 지나 그녀는 M사에서는 예원이가 실비보험이 가입 가능하다고 했고, 나는 그녀에게 우리 가족 보험을 하나씩 들어주며 친분을 쌓아갔다.

어느 날 그녀가 점심을 같이 먹자고 했다. 흔쾌히 응한 자리였고, 그녀는 팀장이라는 사람을 데리고 나왔다. 함께 나온 사람은 전형적이 보험아줌마였다. 작은 키에 인물이라고는 하나 없었지만, 옷차림에서 보험합니다 하고 써 놓은 정장을 입고 툭 튀어나온 입으로 연신 이야기를 이어갔다.

"시험만 한번 봐요."

"시간이 얼마나 자유로운데⋯. 애 키우면서 하기에는 딱이에요."

"부업으로 해도 괜찮고⋯."

"회사도 여기서 가깝고⋯."

"집에 일 있으면 말하고 쉴 수도 있어요."

"출퇴근도 자유롭고⋯."

"교육받으면 교육비도 나오고⋯."

그녀는 내가 일을 해야 하는 이유를 99가지씩이나 나열하는 듯했다. 밥이 입으로 들어가는지 코로 들어가는지 모르게 시간이 흘렀지만, 그리 불쾌한 자리는 아니었다.

"저는, 천안이 고향이 아니에요. 낯가림도 심해서 영업은 더더욱 못하고요. 보험은 자신이 없어요."

그렇게 입장을 정리하고 헤어진 뒤, 가끔 그녀는 일 한번 해보라고 툭툭 던지는 말로 나의 심경을 건드렸다.

무엇에 홀렸을까? 그런 그녀의 말을 내가 덥석 물었다.

우리 집 자동차 보험이 만기가 되어 그녀에게 보험을 알아봐 달라고 하고, 그녀에게 가입했다.

"지현 씨~ 이거 이렇게 하면 나한테 수당 10% 나오는데, 지현 씨가 보험 한번 해봐. 주변 사람들 자동차만 받아도 부업치고는 괜찮다니깐~."

나는 아주 단순한 논리에서 보험을 시작했다. 그녀의 말에 핸드폰을 보니, 저장된 사람이 300명 정도였고 그중에 절반 150명이 차가 있다고 하면 이 사람들은 자동차보험을 매년 의무적으로 가입해야 한다. 150명 중에 반만 나에게 보험 가입을 해줘도 75명. 한 달에 6대. 괜찮겠네. 나만 핸드폰 있나? 신랑 인맥까지 활용한다면 한 달에 자동차보험 10대는 너끈히 할 수 있을 것 같았다. 나는 과연 인생을 잘살았나? 내가 보험을 한다고 하면 자동차보험 하나쯤은 해 줄 사람들이 많을까? 하지만 그들은 내가 아니면 다른 누군가에게 매년 책임보험을 들어야 한다. 그런데 기왕이면 내가 하는 게 낫겠다는 결론에 다다르자 당장 그녀에게 전화했다.

"언니, 저 보험 한번 해 볼래요."

아주 단순 무식한 동기로 일을 시작하게 됐지만. 목표가 자동차 보험이었던지라 신입치고는 자동차 보험을 많이 판매했다. 내 계산과는 많이도 다르게 사람들은 인터넷으로 비교도 했고, 고모가 보험을 한다,

작은엄마가 보험을 한다 등등 친인척들이 보험을 한다는 이유로 나에게 기회조차 주지 않았다.

하지만 내가 보험을 시작하고 지금까지 계속할 수 있었던 건, 친정 시댁 통틀어 우리 집안에 보험을 하는 사람은 오로지 나뿐이었기 때문이다. 초, 중, 고, 대학 친구들까지 모두 뒤져봐도 보험을 하는 사람은 나뿐이었다. 신랑 5남매, 친정 3남매, 친정아빠 5형제, 친정엄마 5남매, 사촌동생들은 아직 다 어려서 제외하더라도 이종사촌 언니, 오빠 5명, 동네친구들, 초, 중, 고, 대학 동창들까지….

내가 일을 시작하면서부터 자동차보험은 나에게만 가입해준 이종사촌 오빠. 차량 5대를 가지고 사업을 하시는 작은아빠, 본인 부부 차량도 모자라 동생이며 시아버지까지 나의 고객으로 만들어준 울산 친구. 되로 주면 말로 받아야 하는 게 대한민국 인심이다. 하지만 이들은 말로 받으려고 아무것도 모르는 나에게 선뜻 가입하지는 않았으리라. 시작하는 나에게 어떤 마음으로 자동차 한 대를 맡겼을지 그 마음을 이해하기에 이 사람들에게 무슨 일이 생긴다면 내가 책임지고 다른 그 누구보다 빨리 해결해 주고, 방법을 모색해 줘야 하기에 나는 그들이 내는 보험료 일부를 수당으로 받았으리라…. 그런 생각을 하면 감히 교육을 대충 받거나, 휴일 울리는 전화를 모른 체할 수가 없다.

자동차보험은 가입해 놓고 1년 동안 아무 일 없으면 다행이지만, 사고가 나면 설계사를 먼저 찾는다.

가입한 보험회사가 어딘지 당황해서 콜센터 전화번호를 물어보기도 하고 어떻게 하고 수습을 해야 하는지 그리고 본인 과실이 얼마인지도 궁금해 하고 시간이 지나면 합의금도 얼마나 받을 수 있을까 물어본다. 이런 상담이 처음부터 능수능란하게 진행되진 않았다. 나도 무수히 많은 경험 속에 터득한 산 재산이 되어버린 보상 실무들. 100% 사고 관련 일들이기 때문이다. 그래서 휴일 울리는 전화는 무조건! 받고 본다.

이것저것 나에게 보험을 많이 가입한 남해에 사는 사촌 언니가 우스갯소리로 물었다.

"그래서 니가 해준 게 뭔데?"

그 말에 발끈해서 대답했다.

"내가 왜? 전화 잘 받잖아. 휴일이고 밤이고 낮이고 언니가 전화하면 내가 언제 안 받디?

궁금한 건 맨날 전화해서 물어보면서…."

"그래. 니가 전화는 잘 받더라. 인정."

보험 밥을 그렇게 먹기 시작했다. 내 나이 32살 시작되는 2월에….

설계사 시험을 보기 위해 일주일을 교육받았고, 시험에 합격한 뒤로는 2달 동안 전산교육, 상품교육을 받으며 신입 티를 벗어갔다.

그 당시 32살이면 지점 막내였다. 40~50대 아줌마들의 전유물이었던 보험 판매가 어느 날 남자들도 할 수 있는 일이 되었지만 젊은 사람들은 거들떠보지도 않던 직업이었고, 더군다나 아가씨는 눈을 씻고 찾아보기 힘들었다. 매달 신입은 들어왔지만, 나이 많은 언니들만 들어와서 해가 바뀌어도 나는 여전히 지점 막내였다. 10년이 지난 지금도 연락하고 친하게 지내는 보험 하는 사람들이 죄다 언니들인 걸 보면, 나이 어린 동생 찾기는 사막에서 바늘 찾는 것만큼은 아니더라도 낙타 찾는 것만큼에는 견주어 볼 만할 것이다.

꿈에 그리던 직장을 찾았다. 출퇴근이 자유로웠고, 일이 있으면 팀장

님께 말하고 쉴 수도 있고, 어린이집 방학이 되면 어디 맡길까 전전긍
긍하지도 않고 데리고 출근할 수 있는 그런 직장이 정말 거기에 있었
다.

1억 벌었어요

사람들이 가끔 나에게 묻는다.

"보험 하면 돈 많이 벌어요?"

어떤 이는 대 놓고 물어보는 경우도 있다.

"이거 계약하면 수당 얼마나 받아요?"

나는 돈을 많이 벌었다. 많이 벌었고, 많이 썼다.

돈을 차곡차곡 모아가는 사람들을 보면 부러울 따름이다. 나는 적금을 들어 돈을 차곡차곡 모으는 스타일이 아니다. 돈이 있으면 어디 돈 쓸 곳 없나? 찾아 헤매는 하이에나처럼 돈을 가지고 있지 못하는 성격이다. 돈은 돌고 돈다고 했으니, 내가 이렇게 써야지 또 돌아서 나한테 올 것만 같은 개똥철학도 가지고 있다.

쓸까? 말까? 할 때는 한 번만 고민하고 써라.

돈 앞에서 우리는 자주 비굴해진다. 둘이 밥을 먹고 나서도 "내가 살게"란 말이 선뜻 안 나와, 밥 먹기 전부터 고민을 한다.

'내가 산다고 할까?'

'1/N 하자고 할까?'

'네가 사'라고 선수를 칠까?

밥값 계산은 하지도 않았는데, 누가 살지 고민하고 밥을 먹느니, 처음부터 '오늘 밥은 내가 살게' 이야기해놓고 계산 누가 할지 고민하지 말고 마음 편하게 밥을 먹는 게 낫다는 지론이다.

축의금을 낼 때도 대개 5만 원, 10만 원을 놓고 고민한다. 고민하는 순간 늦었다. 봉투에 5만 원 넣고 그 사람 볼 때마다 '아, 그때 10만 원

할걸' 하고 후회하느니 그냥 10만 원 하는 게 나의 정신건강에 도움이 되었다.

혹시, 내가 당신에게 5만 원의 축의금을 준 적이 있다면 우리 사이가 5만 원과 10만 원을 오가며 고민할 사이가 아직 아니거나, 5만 원 봉투 내밀고 내가 후회하고 있거나 둘 중에 하나다.

얼마 전 친구 아기 돌잔치가 있었다. 친한 친구였고 10만 원 봉투를 하려고 했는데, 그날따라 신랑이 동행해 주었다. 어른 둘에 아이 둘이 10만 원짜리 봉투를 하기엔 미안해졌다. 10만 원 하면 나중에 그 친구 볼 때마다 또 신경 쓰일 것 같아 20만 원을 봉투를 넣고 맘 편히 식사하고 왔다.

중학교 입학하는 조카 용돈을 줄 때도 교복 사 입는데 보태라고 20만 원? 30만 원? 작은어머님 처음 해외여행 가신다고 하는데, 10만 원? 20만 원?

항상 내 마음 편하자고 높은 금액을 선택했다. 물건을 살 때는 이리 저리 가격비교도 잘하고 살까? 말까? 수십 번을 고민하면서 10년이 지난 냉장고는 두 달째 검색 중이면서, 사람 관계에서만큼은 내가 할 수 있는 것 이상으로 하며 오지랖을 떨었다.

우리나라 고소득자 중에 다른 업에 종사하는 사람들보다 보험설계사들이 많다고 하니, 이 직업은 돈을 적게 버는 직업은 아닌 게 확실하다. 기본급이 정해진 것도 아니고, 1일부터 시작해서 그달이 끝나는 말일까지 똑같이 주어진 시간 속에 얼마만큼 실적을 올렸냐에 따라 다음 달 급여가 바로 정해진다. 계약을 하나도 못하더라도 비례 수당이나 수금 수당이 있으니 월급이 0원이 되지는 않는다.

돈이 없어? 카드가 없어? 빚만 조금 더 늘어날 뿐이고… 다음 달 더 열심히 일하면 되지!

이런 마음으로 오늘도 밥값은 내가 계산한다.

설계사랑 고객이 커피숍에서 만났다. 음료는 누가 사야 하는가?

경험상 설계사가 산다. 이상한 불문율인 것 같다. 나는 음료 한잔 얻어먹는 게 신세 지는 것 같아 불편하니깐 계산을 한다지만, 대개의 설계사들도 고객과의 만남에서는 설계사가 계산을 한다. 왜 그런 당연한 일이 생겼을까? 사람들 마음속에 보험을 하나 들어준다는 마음이 내재되어있는 건 아닐까? 내가 필요에 의한 것도 있지만, 이 계약 하나 함으로써, 설계사도 돈을 버니깐 음료 정도는 설계사가 사야 한다는 당연함이 묻어 있는 것 같아서 씁쓸하다. 이게 음료 한 잔으로 끝나는 경우도 있지만, 식사 대접으로까지 이어지는 경우도 있다.

그런 사람들 중에 내 마음에 쏙 들어온 사람들이 몇몇 있다. 처음 만남에서부터 "먼 길 와주셨으니 찻값은 제가 계산할게요."라고 말도 이쁘게 하는 아가씨가 있었고, 시간 강박증 있는 나보다 더 일찍 도착해 "먼저 도착했습니다. 음료는 뭐로 시켜놓을까요?"라고 묻는 센스 넘치는 친구도 있었다. 당연히 내가 사야지 생각했는데, 상대방이 계산을 해주니 기분이 묘해진다. 1,000명의 고객과 다 똑같이 친할 순 없다. 친밀도가 상, 중, 하로 나뉘는데 친인척 중에서도 하인 사람이 있는가 하면, 생면부지 알지도 못했던 사람인데 친밀도가 상인 고객도 있다. 되돌아보면 설계사를 사람으로 보고 차 한 잔이라도 사줬던 사람들이 내 눈에는 다른 고객들과 달리 보여 하나라도 더 챙겨주려고 했는지 모르겠다.

사람과 사람이 만나 하는 일이니 어쩜 우리도 감정 노동자일지 모른다. 내 감정을 숨기기도 하지만, 이런 사람들을 보면 내가 더 오래 일을 해야겠구나~라는 생각이 든다. 이 사람들에게 꼭 한 번은 나를, 나의 지식을 이용할 기회를 줘야겠다는 생각이 든다.

입사해서 교육받는 동안 교육과정 중에 '증권분석'이라는 시간이 있다. 가입된 보험 증권을 다 가지고 와서 어느 회사에 얼마만큼의 보험료를 내는지, 사망보험금은 얼만지, 암 진단금은 얼만지 확인하고 데이터에 입력해서 평균대비 부족한 부분은 없는지, 넘쳐 나게 한 부분만 집중해서 가입한 건 없는지 알아보는 시간이다. 몇 년 전 유행처럼 번져 누구나 한 번쯤은 '내 보험 바로 알기' 또는 '증권 보장분석'이라는 이름으로 보험회사 직원들에게 증권을 모조리 가져다준 적이 있을 것이다. 이걸 하고 나면 으레 부족한 부분이 나오고 그걸 리모델링해서 추가 가입을 하는 거였는데, 고객이 가지고 있는 패를 다 봤으니 열에 아홉은 부족한 게 꼭 있기 마련이다.

이 교육시간에 나는 남편 증권을 가지고 가서 공부도 하고, 부족한 게 무엇인지 평가받고 싶었다. 당시 신랑은 아이 하나 둔 30대 초반의 가장이었고, 결혼 전 어머님이 가입해 주신 15만 원가량의 종신 보험과 우체국에 3만 원 내는 암보험과 매월 2만 원을 납부하는 상해 보험이 있었다. 결혼 후에도 어머님이 계속 납부해 주셨고, 이 일을 계기로 증권이란 걸 한번 열어 보게 되었다.

종신보험에서 주계약이 5,000만 원. 즉 신랑이 사망하면 5,000만 원, 휴일에 사망하면 1억이 나오는 상품이었다. 우체국에 암 진단금이 1,500만 원 있었고, 입원하면 입원일당이 2만 원씩 나오는 상품이었다. 골고루 잘 가입되어 있구나 하고 매니저와 함께 증권 분석에 들어갔다.

30대 가장으로서 사망보험금 빨간불, 3대 진단금 부족, 실비 없음, 운전자 보험 없음. 보험료를 20만 원이나 내고 있었는데, 더 들 게 있다고? 순간 앞이 막막했다. 여기서 보험을 더 들어야 하나? 고민하고 있을 때 매니저님이 이게 하나도 없다고 생각하고 남편 앞으로 어떤 담보가 어느 정도 필요하면 적절한지 설계를 한번 해 보라고 하셨다. 우울한 마음이어서 일할 기분도 아니었지만 고민고민하며 빈칸을 채워나갔다.

사망보험금은 1억? 1억5천 정도는 있어야 하지 않을까? 그래도 가장인데⋯. 혹시 신랑이 잘못되면 현실적으로 그 정도는 있어야 할 것 같았다. 암 진단금도 3,000만 원을 넣고, 실비도 넣어보고, 운전자 보험도 넣고 그렇게 해서 나온 보험료가 189,000원이었다.

오호~! 이게 뭐지?

사망보험금도 1억이나 늘어나고, 암 진단금도 더 넣었는데, 가지고 있던 거보다 보험료가 줄었다. 이거 정말 신기한데?

내가 직접 경험하고 나니 정말 신기했다. 이게 가능하단 말이야? if에 대비해서 매달 일정 부분의 고정비로 보험료를 지불하는데, 가지고 있던 보험은 보험료를 내고 있긴 하지만 if라는 상황이 생겼을 때 우리 가족을 반밖에 지켜주지 못할 것이다. 새로 설계한 보험은 비슷한 보험료에 만약 그런 상황이 생긴다면 우리 가족에게 더 큰 버팀목이 되어줄 것 같았다. 그렇게 해서 우리 신랑은 내가 리모델링한 1호 계약이 되었다.

5,000만 원이었던 보장자산이 1억5,000만 원으로 늘어난 순간이었다.

매달 보험료는 내고 있지만, 내가 일을 하지 않았다면 몰랐을 것을 이 일을 함으로써 부족한 담보들이 파란불로 꽉 채워졌다.

내가 직접 겪고 경험치가 생기니 사람들을 만났을 때 이야기할 거리가 생겼다. 일을 시작하자마자 1억을 벌었다고 생각하니, 이 설레는 기쁜 소식을 주변 사람들에게 널리 전하고 싶어졌다. 술술 잘 풀린다.

"보험해 보신 적 있으세요?"

"아니요…"

"잘할 자신 있으세요?"

"아…니요…"

"마감 스트레스 같은 것도 있죠?"

"그럼요. 스트레스 없는 직장이 어디 있어요? 어딜 가나 업무 스트레스는 다 있지 않나요? 그걸 어떻게 풀어가냐는 본인 몫이고요."

매달 말일은 계약 마감에 수금 마감에 정신없이 지내다, 1일이 되면 또 고민이 시작된다. '이번 달은 어디 가서 계약을 하나?' 이 문제는 신입뿐만 아니라 10년, 20년 경력이 쌓인 선배들도 마찬가지일 것이다. 경력이 쌓이니 월말에 들어오는 계약은 다음 달 초로 미루는 여유도 생겼다. 29일이나 30일 월말에 계약을 넣으면 그건 그달 보험료이다. 다음 1일이 시작되면 그달의 보험료가 이체일에 맞춰 또 출금된다. 고객은 그런 것도 예민하게 굴 때가 많았다. 하지만 생각해보면 어차피 보험료는 정한 기간만큼 내는 것이다. 납입기간이 10년이면 120번, 20년이면 240번을 돈을 내야 납입이 끝이 난다. 그러니 월말에 돈을 한 번 더 내는 건 큰 의미가 없지만, 중간에 혹여 해약이라도 한다면 한번 덜 낸 건 감사할 일일지도 모르겠다.

매달 마감이 되면 심장이 쫄깃쫄깃해진다. 어떻게든 해야 하는 마감이고, 한 달 어떻게 살아왔는지 내 삶의 결과이기 때문이다. 뿌듯했던 달도 있었고, 자괴감에 빠진 달도 있었다.

내가 이러려고 일을 시작했나? 라는 생각이 들 때도 있었지만 매달 1일은 누구에게나 주어지는 똑같은 시간이다. 그 시간을 어떻게 채워나 갈지는 본인 몫이니깐….

2014년 11월 30일
힘들다.
눈물이 난다.
한 달을 왜 이렇게 살았을까?
고객을 위한다는 미명 아래 이직을 해놓고 결과를 보면 화가 난다.
또다시 이렇게 후회할 일을 만들지 않겠다.

몇 해 전 다이어리에 썼던 메모인데 가끔 내가 나태해지거나 일 안 하고 딴짓하고 있으면 한 번씩 읽어본다. 마감날 사무실에 앉아 이 글을 어떤 심정으로 썼는지 그때의 나로 돌아가 보면 하루를 허투루 낭비할 수가 없다. 그날의 처절하고 한심했던 나를 다시 마주하고 싶지 않아서….

매달 계약이 넘쳐나진 않더라도 일은 넘쳐난다. 우리 일이 계약만 하고 끝나는 게 아니라 보상도 해줘야 하고 확인해줘야 하는 일들도 많다. 가입한 연도나 가입 상품에 따라 보상이 되고 안 되고도 달라지기 때문에 약관까지 확인해야 하는 경우도 종종 있다. 내가 판매한 상품만 있으면 그나마 확인하기 쉬운데, 사람들이 어디 보험을 나한테만 드나? 다른 회사 다른 설계사들한테 가입한 상품도 있다.
병원 한번 다녀오면 영수증만 보내는 게 아니라 가지고 있는 보험 증권을 다 보낸다. 이런 수술을 했는데, 보험금 얼마 정도 나오는지 확인 좀 해달라고….

　고객이 직접 알아보는 것보단 내가 알아보는 게 더 빠를 듯하여 해당 회사 홈페이지 공시실에서 몇 종 수술인지 확인 후에 알려드리기도 한다.

　실적이 많지 않더라도, 한 달을 돌아봤을 때 뿌듯하고 보람찬 달이 있다. 고객의 보험금을 힘들게 받아줬다든지, 바쁘게 움직였지만, 고객의 사정으로 회사에서 인수를 못 하는 경우는 나도 어찌할 수 없으니깐 그 사람을 인수해 줄 더 좋은 보험이 나오길 기다릴 수밖에 없다. 장거리를 왔다 갔다 하고 주말에 일을 해도 그럴 때는 하나도 피곤하지 않다. 오히려 주말 이틀 다 쉬고, 방문 약속 하나 없는 그런 날이 심적으로는 더 피곤하고 짜증도 나는 것 같다. 그래서 일이 없는 주말에도 사무실에 나가서 두세 시간씩 미뤄둔 업무도 하고 주중에 미처 확인 못 했던 것들도 확인하고 정리하는 시간을 갖기도 한다. 주말에도 열심히 일한 나를 위한 테이크 아웃 커피는 보너스로 꼭 챙겨준다.

　매니저로 일할 때 신입들 입사 면접 보는 일도 함께했는데, 첫인상부터 느낌이 좋은 사람이 있고 이야기 몇 마디만 나눠보면 이 사람이 일할 사람이다 아니다가 금방 판단되었다.

　하지만 면접 다 봐놓고 내일부터 출근하기로 한 사람이 전날 갑작스럽게 연락이 와서 자신이 없어요, 남편이 반대해요, 아이가 갑자기 아파서 병원에 입원해야 할 것 같아요….

　무수히 많은 사람들이 눈에 보이는 거짓말을 하고 오지 않았다. 그래서 면접 볼 때 방법을 바꿨다. 미리 주변 사람들의 반대가 있을 거라는 것을 우리가 알려주는 것이다.

　"누구나 그래요. 처음 보험 일을 시작하는 사람이 자신 있어요. 매달 계약을 30건씩 할 자신 있어요 하고 입사하진 않아요. 누구나 처음 시작하는 일은 힘들고, 어렵긴 마찬가지예요."

그때 터득한 사람 보는 능력. 보험을 하면서 많은 사람을 만났고, 무수히 많은 면접을 진행하면서 사람을 한눈에 파악하는 이상한 능력도 생겼다. 혈액형 맞추기는 기본이고, 고향 맞추기와 형제 관계도 이야기를 조금만 나눠보면 감이 왔다. 나중에 뒤통수 칠 것 같은 사람은 정말 뒤통수를 쳤고, 이 친구는 잘만 키우면 나중에 일 좀 하겠다 찜했던 친구들은 세월이 흐른 지금 각자의 위치에서 한 자리씩 맡아 아직도 현업에서 일하고 있다.

"보험하신 지 얼마나 되셨어요?"
2009년에 일은 시작했으니, 이제 딱 10년째 접어드네요."
"보험이 적성에 맞나 봐요⋯. 오래 하신 거 보면⋯."
처음엔 몰랐는데, 지금 되짚어보면 보험 일이라는 게 나의 적성에 딱 맞는 일이었다. 역마살광인 나를 전국 어디든 업무적으로 갈 수 있게 해줬고, 쉽게 싫증 내는 스타일인데 똑같은 반복적인 업무보다는 매일 다른 고객들이 나에게 각자 다른 일들로 손을 내밀었다.

세상에 힘들지 않은 일이 어디 있으랴? 회사 다니는 직장인들도 상사로부터 스트레스를 받고, 몸은 하나도 안 힘들 것 같은 예술 하는 사람들도 창작의 고통 속에 스트레스를 받을 것이고, 학교에 다니는 초등학생도 교우관계나 학업으로 인해 스트레스를 받고 있을 것이다. 세상에 힘들지 않은 일은 없고 누구나 당연한 힘듦 속에 그 스트레스를 어떻게 느끼고 어떻게 승화시키냐는 정도의 차이라고 생각한다. 남편들은 죽을힘을 다해 매일 아침 회사로 출근하지 않는가?

어느 날 잠든 신랑의 얼굴을 쳐다보는데 불쌍하다는 생각이 들었다.

나는 회사가 다니기 싫으면 당장 그만둘 수 있다. 그러면 생활이야 조금은 힘들지만, 우리 집 가게에 크게 문제가 되지는 않는다고 생각했다. 하지만 내가 직장을 다니는 마음이랑 남편이 회사를 다니는 마음이랑은 큰 차이가 있을 것이다. 남편은 가장으로서, 꼭 회사를 다녀야 하는 입장이고, 나는 그 정도는 아니지만 내가 일을 하지 않는다고 해서 크게 부담이 가지 않는 위치이다.

영업을 하려면 기동력이 있어야 하는데, 부업 삼아 한 번 해 볼까?라는 마음으로 일을 시작했기 때문에 처음 일을 할 때는 차가 없었다. 근처에 사는 사무실 언니와 카풀을 했고, 고객 방문을 갈 때는 대중교통을 이용하기도 했다. 그러다 일이 조금 늘어났고, 차가 한두 푼 하는 것도 아니고 서민 집에 자동차 두 대가 웬 말인가? 신랑과 협의하에 5일 중 이틀만 차를 빌려 쓰기로 했다. 말이 빌려 쓰는 거지 아침 일찍 일어나 신랑을 회사까지 데려다주고, 낮에는 업무적인 일로 내가 사용하고, 남편 퇴근 시간에 맞춰 다시 회사로 픽업 가는 일이 신랑 차를 사용하는 조건이었다. 그러다 이틀이 사흘도 되고 일주일 다 필요한 날이 있을 정도로 일은 늘어만 갔다. 일한 지 3년쯤 되니 신랑 차는 내 차가 되어있었고, 신랑은 승용차로 20분 거리를 회사 통근버스를 타고 한 시간을 돌아서 출퇴근을 하고 있었다. 그즈음 해서 계산을 해보니 차가 한 대 더 있으면 아침에 30분의 여유가 생기고 남편이 일찍 퇴근해서 유치원에서 아이 픽업도 하고, 놀아줄 수도 있고 더 효율적일 것 같아 차를 한 대 더 구매했다. 그 뒤 내 차도 신차로 바꾸고 3년 할부로 구매했던 차량은 1년 만에 할부금을 다 갚아버렸다. 일을 하면서 가족과의 시간은 많이 줄었지만, 생활이 더 여유로워진 건 사실이다. 신혼 때는 빠듯한 생활비에 경조사라도 몇 개 겹치면 예상치 못한 지출로 인해 다음 달 생활이 버거웠는데, 일을 하면서도 빠듯한 생활은 마찬가지지만 외식도 하고 싶을 때 하고, 여행도 하고 싶을 때 하고, 필요한 물건들을 무리 없이 살 수 있는 경제적 여유가 생긴 건 틀림없다.

　기혼자들이 미혼의 처녀, 총각들에게 "결혼은 해도 후회 안 해도 후회니깐 해보고 후회하는 게 낫다."라고 이야기하는데, 이건 비단 결혼에만 국한되는 이야기는 아닌 것 같다. 나는 처음 일을 시작하는 사람들도 할까 말까 고민하고 있다면 무슨 일이 됐든 꼭 한번 해보라고 권하고 싶다. 도전해 보지도 않아서 훗날 '아 그때 그거 한번 해볼걸.'하고 후회하는 상황과 하고 나서는 '아 이걸 왜 내가 하고 있지? 차라리 그때 하지 말걸.' 후회하는 두 개의 상황을 놓고 본다면 후자 쪽은 실패가 됐든 경험이 됐든 뭐라도 남았으니 다음번에 똑같은 상황만 반복되지 않는다면 나는 성공의 길로 가고 있는 것이다.

　돈이 필요하면 일을 하면 되고, 200만 원 월급을 받길 원한다면 200만 원 월급을 주는 곳에서 일을 하면 되고, 1,000만 원의 월급이 필요하다면 그만큼 줄 수 있는 곳에서 일을 하면 된다. 1,000만 원 월급을 주는 곳에 나를 맞춰가기만 한다면!

새벽 5시에 일어나 어제 재워뒀던 불고기 반찬을 준비한다. 1년에 한 번 있는 지점장님 생일. 40명 남짓 지점 식구들에게는 아버지 같은 존재. 나이는 어린 총각이지만 업무 처리 능력은 전국에서 알아준다. 그분 생일이 되면 각자 음식을 한 가지씩 해서 출근을 했다. 며칠 전부터 각자 메뉴를 정하고 남편 생일도 아니고, 시어머니 생일도 아니지만, 그분에게 감사하는 마음으로 따뜻한 생일상 차려주고 싶은 게 우리 모두의 마음이었으리라. 누구 하나 새벽부터 일어나서 어떻게 음식을 하냐고 투정 부리는 사람은 없었다. 막냇동생 생일상 차리는 큰누나 같은 마음으로 그날 아침은 분주하게 설쳐댔다. 입사 후 나에게는 첫 지점장님이었고, 내가 매니저가 되고 나서 처음 모셨던 지점장님. 이기은 지점장님. 상다리가 부러지게 차린 생일상을 3번 함께했고 그는 승진해서 대전에 처음 생긴 신입 센터장으로 갔다. 우리는 모두 그분의 승진을 진심으로 기뻐했다. 최연소 센터장. 초고속 승진. 지점장님이 우리를 잘 이끌어 주셨기에, 우리가 그 뜻을 잘 따랐기에 지점장님의 승진은 우리 모두에게 주는 상이었다.

내가 처음 일하던 보험회사는 남자라고는 지점장님 한 분밖에 없는 여성 조직이었다. 40명 모두가 여자였고, 아줌마였다. 한국인들은 먹는 걸로 정이 쌓인다고 했던가? 아침 일찍 일어나 내가 부지런을 조금만 떨면 아침 거르고 출근한 지점 식구들 아침 요깃거리는 준비를 할 수 있었다. 덕분에 우리 식비는 많이 들어갔지만, 그 덕에 회사에서 월급 받으며 일하고 있으니 도시락 한번 준비한다고 허리가 휘청거릴 정도는 아니었다. 딸아이가 어려 소풍이며 견학 가는 날이 종종 있었고, 유치원 들어가고 나서는 한 달에 한 번 체험학습이다, 소풍이다 해서 도시락 싸는 날이 많았다. 이왕 싸는 김에 20줄 정도 싸면 선생님 도시락도 싸서 보내고 남은 건 팀원들 조금씩 나눠 먹을 정도는 됐다. 나뿐만 아니라 그렇게 하는 언니들이 많았다. 봄, 가을 소풍 시즌이 되면 너도나도 김밥과 과일을 챙겨서 왔고, 출근하는 게 아니라 사무실로 소풍 온 아이처럼 누구 집 김밥이 맛있네, 이쁘게도 잘 쌌네 칭찬이 넘쳐났고 하하 호호 웃음도 넘쳐났다.

같은 건물에 지점이 4개나 있었는데, 우리 지점은 유난히 단합도 잘되었고, 실적도 좋았다. 신입들도 많이 들어왔고 정착도 잘되는 편이었고, 모두가 부러워하는 지점이었다.

전업주부로 지내다가 출근이라는 걸 하니, 매일매일이 즐거웠다. 나와서 점심 먹는 시간도 즐거웠고, 출근해서 커피 한 잔 마시는 티타임도 행복했다. 다음날 소풍 가는 아이처럼 토요일, 일요일이 빨리 지나가고 월요일이 오기만을 기다렸다. 나는 직장인이 되어가고 있었다.

첫 직장을 다니는 5년이 넘는 시간 동안 한 번도 회사를 그만둬야겠다, 오늘 출근할까? 말까? 고민한 적도 없었다. 사람에 대한 배신감이 '쿵' 하고 찾아오기 전까지 누구나 출근하고 싶은 회사, 언제까지나 함께할 사무실을 만들고 싶었다. 그런 마음에서였을까? 아파도 어떻게 해서든 출근은 했었고, 아이들에게 책임감 없는 엄마로 내비치는 건 더욱 싫었다.

우리 일이 그렇다. 일이 있으면 출근하고, 일이 없으면 굳이 출근하지 않아도 됐다. 많은 설계사들이 그렇게 일을 했다. 하지만 일이 없다고 출근까지 하지 않으면 내일 할 일은 더 없어진다. 오늘 출근해서 뭐라도 정리하고 설계라도 하다 보면 스쳐갔던 고객들이 생각나고, 고객이랑 통화해서 수다라도 떨다 보면 분명히 일은 생기게 되어있다.

분명 우리 엄마는 직장인인데, 출근 안 하고 집에 누워 있는 엄마를 보면 아이는 어떤 생각을 할까?

"엄마, 오늘 출근 안 해요?"

"어, 엄마 오늘 일이 없어서 출근 안 하려고…. 집에 있을 거야."

아이 눈에 엄마는 어떻게 비칠까? 그리고 아이에게 직장이란 어떤 존재로 자리 잡을까?

'아~ 엄마는 일이 없으면 출근을 안 하는 대단히 좋은 회사를 다니는구나.'라고 생각할까?

이런 아이가 공부가 하기 싫어서 학교에 가기 싫어하고, 학원을 빼먹는다면 내가 어떻게 아이에게 본인의 임무를 다 하라고 꾸짖을 수 있겠는가? 커서 우리 아이도 일이 없어 회사에 안 간다고 하면 그걸 보고 자란 아이에게 내가 뭐라고 해야 할지 나는 정답을 알지 못한다. 그래서 내가 이렇게 열심히 회사를 다니는 건지도 모르겠다. 부모는 아이의 거울이라고 했다. 출근하고 싶을 때 하고, 하기 싫으면 안 하고, 일 없다고 일찍 퇴근하고, 자녀에게 비치는 엄마의 모습을 한 번 물어보라. 뒤통수 치는 이야기를 듣게 될 것이다.

여자들만 모여 있다 보니 먹고 노는 이야기도 많았다. 어디에 맛집이 생겼다더라. 어디에 분위기 좋은 카페가 생겼다더라. 심지어 어디 어디 갔더니 사주를 잘 보더라까지. 여자들의 정보 공유 능력은 수다로 이어진다.

보험회사 다니면서 정말 좋았던 점 2가지가 있는데, 첫 번째는 천안에 아는 사람 하나 없던 내가 식당이든 커피숍이든 어딜 가나 한두 명씩은 꼭 아는 사람을 만나게 되더라는 거. 천안에서 학창시절 보냈냐고 묻기도 하는데 직업이 사람 만나는 일이다 보니 한 다리 건너서라도 결국은 아는 사람이라는 점.

두 번째는 사시사철이 변해가는 걸 눈으로 입으로 즐길 수 있다는 점이다. 봄에는 꽃구경 가고, 여름에는 래프팅을 가거나 계곡에 발 담그고 앉아 삼겹살 구워 먹고, 가을에는 단풍놀이 가고, 겨울에는 온천을 가거나 겨울을 즐기러 야유회를 갔다. 계절이 바뀌는 줄 모르고 지내다가 그렇게 맛집 찾아, 계절마다 팀 워크숍, 지점 워크숍, 임직원 야유회 많이도 놀러 다녔다. 그중 제일 싫은 게 등산이었다. 20대에 얻은 골다공증으로 신체 나이는 50대를 향해가지만, 아무리 쉬운 산이더라도 나에게는 에베레스트처럼 다가왔다. 등산복에 가방과 스틱까지 갖추고 어느 산악인 부럽지 않게 출발해서는 20분도 채 못 가고 돌아와 입구에서 짐을 지키기 일쑤였다. 다시 내려올 산을 왜 올라가는지 지금도 이해가 되지 않지만, 함께이기에 "저는 등산 싫어해요." 하고 참석을 안 하지는 않았다.

국내뿐만 아니라 보험회사 다니면서 수십 번의 해외여행도 할 기회가 주어졌다. 예전 팀장이 그랬다. "보험 밥 먹으면서 1년에 2번 외국 못 나가면 바보라고…" 그만큼 회사에서 해외여행 시상은 자주 걸렸고, 그런 일이 있을 때마다 달성하려고 노력했다.

어느 날 저녁 짐을 싸고 있는데, 딸아이가 묻는다.
"엄마, 또 여행 가?"
"어… 엄마 내일 회사 사람들이랑 필리핀 연수 가."
"치~ 맨날 엄마만 가고… 안 가면 안 돼?"

한번은 이야기를 해 줘야 할 것 같아 싸던 짐을 옆으로 밀어놓고 앉아서 이야기했다.

"예원아. 엄마 회사에서 가는 여행은 모두 다 갈 수 있는 건 아니야. 일을 잘한 사람만 몇 명 회사에서 상으로 보내주는 거야. 엄마는 기회가 주어졌을 때 최선을 다했고, 지금 이 결과에 만족해.

다음에 예원이에게도 어떤 상황이 주어진다면 최선을 다해줬으면 좋겠어. 도전하지도 않고 처음부터 난 어차피 안 되니깐, 포기해 버리지 말고 뭐든 한번쯤은 미친 듯이 도전을 해봐.

그리고 그 다음 결정은 본인이 하는 거야.

엄마도 그래. 이렇게 시상 받아놓고, 예원이, 예준이 너무 어리거나 봐줄 사람이 없음 엄마도 안 가. 어떤 엄마가 어린애들만 놔두고 여행을 가겠니? 하지만 엄마 여행 가 있는 동안 아빠도 일찍 온다고 했고, 할머니가 와계시기로 했으니깐 마음 놓고 가는 거지. 그런데, 예원이가 가지 말라고 하면 엄마 안 갈게. 엄마는 예원이 사랑하니깐!"

가만히 이야기를 듣고 있던 아이의 표정이 한결 밝아졌다.

"엄마는 그럼 대단한 일을 하는 거네요."

그럼. 대단한 일들을 이 엄마가 자꾸 해내지 말입니다.

목표가 주어졌을 때 함께 으쌰으쌰 하고, 그 목표를 달성했을 때의 성취감이란 맛본 자만이 그 느낌을 알 것이다. 똑같은 목표가 주어졌을 때 나는 못 해요. 그걸 어떻게 해요?라고 말하는 사람이 있다. 왜 본인을 과소평가하는가? 본인은 언제까지 부업으로 월급 50만 원에 만족하고 살 것인가? 보험회사에서는 작게는 개개인의 월 마감 목표부터, 팀 목표, 지점 목표, 분기 목표, 상반기. 하반기 목표, 연간 목표가 주어진다. 회사에서는 이 목표를 주고 시상을 건다.

매니저였던 시절 2개월 팀 목표를 달성하고 팀원들을 인솔해서 함께 제주도 여행을 간 적이 있다. 두 달 동안 우리가 무슨 일을 해낸 거지? 제주도에서의 팀 워크숍은 잊지 못할 추억거리를 우리들에게 선물했고 나는 그 워크숍만큼 배꼽 빠지게 웃었던 워크숍을 다녀온 적이 없다. 회사에서 주어지는 시책을 모두 다 달성하면 더할 나위 없이 좋겠지만, 그중에서 내가 달성할 수 있는 거, 내가 주력해서 판매할 수 있는 회사, 그런 상품에 시상이 걸린다면 꼭 한번 이뤄 보라고 하고 싶다. 해보지도 않고 자격이 주어지지 않는 것과 자격을 따내고 내가 하지 않는 것은 선택의 주체가 다르다. 후자는 나의 선택이니깐. 그렇게 하나둘씩 목표를 가지고 달성하다 보면 같이 시작한 다른 이보다 한 뼘은 더 큰 성장을 해 나가고 있을 것이 분명하다.

나는 개인적으로 이 일을 하는 사람들이 이 업에 자부심을 가지고 오래 일하길 바란다. 내가 하는 일에 다른 누군가가 "보험설계사가 다 그렇지", "신입이라서 그래"라는 소리는 내가 듣고 싶지 않다. 1년 2년 일하고 끝낼 게 아니라 오랫동안 고객 곁에 남아서 내가 판매했던 상품의 책임을 져야 할 것이다. 그러려면 직장은 무조건 재밌고 즐거워야 일할 맛도 나지 않을까?

나는 오늘도 살맛 나는 직장으로 출근한다.

꽃샘추위가 가시지 않은 어느 봄날. 퇴근길에 문자 한 통이 왔다.

'교육매니저 한영규입니다. 내일 콜 교육이 진행됩니다. 9시까지 늦지 않게 참석 바랍니다. 대전 둔산동 **타워 6층 교육장'

콜 교육이라고 했는데, 매니저가 남자인가? 순간 생각하고 다음날 교육장에 조금 일찍 도착해 아무 생각 없이 앉아있었다. 내 명패가 준비된 자리는 맨 뒷자리였다. 착석하고 앉아서 앞에서 분주히 움직이는 한 여자를 봤다. 정갈한 단발머리에 머리는 조금 곱슬이었고, 남색 투피스를 입고 있었다. 교육자료를 준비하는 중인지 프린트물을 분류하고 있었다.

교육이 시작되자 앞에 서 있던 여자가 자기소개를 한다.

"오늘 교육 진행을 맡은 한영규 매니저입니다."

라디오에서 흘러나오는 것 같은 정갈한 목소리에 또박또박 마치 아나운서 같은 톤으로 그녀는 본인 소개를 했다. 그렇게 그분을 처음 만났다. 하루가 어떻게 지나갔는지 모르게 그분 목소리에 매료되어 시선은 힐끔힐끔 그녀를 향했다. 콜 실습이라 고객들에게 전화하는데, 순간순간 고객의 말에 대처하고 수화기 건너편 고객들의 말에 호응하는 목소리는 옆에서 듣고 있는 나마저도 이야기 속으로 끌어당기는 듯했다. 그렇게 목소리 하나만으로 나의 멘토가 된 한영규 매니저님.

나 또한 살면서 목소리 이쁘다는 소리를 정말 많이 들었다. 친구들이 그랬다.

"지현이 목소리는 딱 폰팅용이야."라고.

요즘 젊은 세대들이 폰팅을 알까 모르겠지만, 90년대 말 초등학교, 중학교 졸업 앨범을 찾아 이성에게 전화하는 폰팅이 유행이었다. 삼삼오오 친구들끼리 모여 장난전화를 하면 목소리는 내 담당이었다. 옆에서 친구들은 키득키득했지만, 얼굴도 안 보이는데 뭐 어때?라는 심정으로 폰팅 전용 목소리로 다이얼을 많이도 돌렸었다. 그런 내가 얼굴도 아니고 처음 본 사람의 목소리에 반해 버렸다.

두 번째 만남은 그녀가 천안으로 교육을 왔을 때였다. 대전은 천안뿐만 아니라, 청주, 충주, 대전, 천안의 모든 신입들이 교육을 받으러 가는 곳이다. 매달 많은 신입들이 넘쳐 날 텐데, 두 번째 만남에서 그녀는 반갑게 내 이름을 불러주었다. 이런 그녀를 어찌 내가 사랑하지 않을 수 있을까?

천안과 대전을 오가며 몇 달에 한 번씩 만나도 늘 따뜻하고 세심한 배려로 우리를 감동하게 해줬던 매니저님. 많은 후배들이 그녀를 따랐다. 그녀를 멘토로 삼고 그녀를 닮으려고 많이 후배들이 노력했고, 그녀 주위를 기웃거렸다. 나 역시 그중에 한 명이었고….

M사를 다니면서 그녀를 만나건 보험을 하는 나에게는 가장 큰 행운이었다.

3년 뒤 그녀를 또 다른 위치에서 만났다.

설계사에서 매니저가 되고 나의 매니저 위임식이 있던 날. 누구보다 날 반가워했고, 축하해줬고, 닮고 싶은 선배로 나의 멘토로 힘든 일이 있을 때도, 회사를 떠나서도 언제든지 내 곁에 와 주었다. 지금은 서로 다른 위치에서 각자 일을 하고 있지만 처음 만났던 그날처럼 그녀는 나에게 봄이고, 꽃향기 가득 품은 언제나 소녀 같은 분이다.

늦게까지 일이 이어져 집에서 고객과 통화를 길게 한 적이 있다. 식탁에 앉아 메모해 가며 통화를 끝냈는데 딸아이가 빤히 쳐다본다.

"근데, 왜 엄마는 통화할 때 이쁜 척하면서 말해?"

"엄마? 엄마 원래 이쁘게 이야기하잖아."라고 얼렁뚱땅 넘어갔지만, 전화기를 들면 목소리가 변하는 건 어쩔 수 없는 직업병이다.

신입교육을 받을 때 거의 지점장님이나 매니저님이 점심을 사주신다. 우리 동기 4명, 그리고 지점에 남아있는 선배들과 함께 해장국을 먹으러 간 적이 있다. 그 자리에서 처음 소개받은 사람이 이영숙 FSR이었다. 단정한 옷차림에 첫 느낌에서도 감히 범접할 수 없는 카리스마가 느껴졌다. 우리 지점 식구는 아니지만, 천안에서 업무 보는 일이 많아 천안 지점을 자주 이용하는 분이시고, 충청권에서는 잘 나가는 설계사라고 했다. 테이블에 마주 앉아 이런저런 이야기를 듣다 보니 이 사람도 참 대단하다는 생각이 들었다. 딸아이를 키우며 치킨집을 하다가 직업을 전향한 게 보험 설계사. 그 뒤로는 뒤도 돌아보지 않고 일만 했다고 했다.

골프를 배워 본 사람들은 알겠지만 이게 한두 달 만에 배울 수 있는 운동이 아니다. 그런데 언니는 고객과 필드 약속을 먼저 잡아놓고, 골프를 배우기 시작했다고 한다. 코치를 찾아가 "나 20일 후에 필드 나가야 하니, 그전에 마스터 시켜달라고."라고 했다. 그렇게 골프에 입문을 했고, 20일 동안 골프연습장에 살 정도로 열심히 배웠다고 한다. 이 이야기를 들으면서, 한 가지에 몰두하면 주변 상황이야 어찌 됐건 본인이 하고자 하는 일은 해내고 마는 성격이구나 하고 느꼈다.

나는 이런 목표의식을 가진 사람을 좋아한다. 문경아 지점장님이 그랬었고, 이영숙 언니가 그랬다. 업무에서는 나 자신과의 그 어떤 타협도 이루어지지 않는 성격. 우리 일은 흐지부지한 성격보다 이런 똑 부러지는 성격이 고객과의 일 처리 면에서, 본인의 발전을 위해서도 더 유익할 수 있다. 술에 술 탄 듯, 물에 물 탄 듯 고객이 계약해 주면 좋은 거고, 아니면 말고… 오늘 꼭 하기로 한 일도 오늘 못하면 내일 하면 된다는 이런 성격보다는 자기관리를 잘하는 사람이 나는 좋다. 이런 사람들이 고객으로부터 인정받아 오래 살아남았고, 오늘 아니면 내일, 내일 아니면 모레 본인 관리조차 못 했던 사람들은 이 업계를 떠난 지 오래다. 설령 설계사 코드만 가지고 일을 하고 있다고 하더라도 절대 인정받으면서 잘하고 있는 사람이 아니다.

영숙 언니의 이야기를 듣고, 롤모델로 삼고 나 역시 열심히 해야겠다는 생각을 했다. 언니를 보면서 한걸음 한걸음 성장할 수 있었다.

지금 언니는 설계사 일을 그만뒀다. 남편분의 사업 때문에 다른 일을 하고 있는데 소개가 들어오거나, 보험 가입하고자 하는 사람이 있으면 나를 소개해주는 나에게는 키맨이 되었다.

친해지고 보니 사람이 진국이다.

우리가 살다 보면 거절을 잘 못 할 때가 있다. 나 역시 웬만해서는 거절하지 않고 들어주는 성격이었다. 정신 쏙 빠지게 바쁜 날 신입한테서 전화가 왔다. 지금 사무실로 들어오는 길이니, 설계 하나만 부탁한다고 했다. 고객이 당진에 있어서 청약서 뽑아서 바로 나가야 하니 급히 좀 해달라는 부탁이었다. 그걸 거절하지 못하고 알았노라 한 게 화근이었다. 결국 나는 그 일을 처리해 주지 못했고, 그 친구도 고객을 만나러 가지 못했다. 그 뒤에 내가 깨달은 건 내 여건이 허락하지 않으면 쿨하게 거절하는 것도 서로를 위하는 길이라는 것이었다. 만약 내가 그날 그 부탁을 거절했더라면, 그 친구는 다른 팀장이나, 팀원한테 부탁을 해서 시간적 여유가 있는 사람이 마무리했을 것이다.

내가 착한 사람 강박증 때문에 YES라고 한 것이 후회되는 날이었다. 그 일 이후로는 거절이 입에 배었다. 냉정해 보일 수 있지만, 상황이 아니면 NO 하는 버릇이 생겼다. 주변 사람들이 봤을 땐 아주 재수 없는 스타일로 변해 가고 있는 중이다. 정중하게, 상대방 기분 나쁘지 않게 거절하는 법을 배워야겠다.

영숙 언니는 본인 실속 차리지 않고 내 사람에게는 확실히 잘하고, 아닌 사람에게는 단칼에 거절해 버린다. 그리고 그 거절 뒤에 호탕한 웃음으로 마무리를 한다. 언니의 웃음소리는 민망할 정도로 엄청 크다. 하지만 나는 언니의 이런 웃음이 가식적이지 않아 좋다. 오늘도 언니의 웃음을 만나러 가야겠다.

같은 설계사임에도 믿음이 가는 사람이 있고, 못 미더운 사람이 있다. 학벌이나 외모를 떠나서 그 사람의 됨됨이를 보면 내가 고객이라도 나의 보험을 전부 맡기고 싶을 정도로 믿음이 가는 사람들이 종종 있다.

그게 박지영 FSR과 김영환 FM이다. 이 둘은 내가 M 생명 근무 시절 함께했던 직장 동료이다. 지영이는 진솔함과 동감으로 고객에게 다가갔고, 영환이는 어린 나이에 보험을 시작했지만 4년 동안 꾸준함과 성실함으로 고객의 마음을 사로잡았다. 이들의 공통점은 보험을 처음 시작함에 있어 그 누구보다 성실했다는 것이다. 휴일 사무실 출근은 기본이고, 끼니를 거르면서 고객을 만나는 일이 허다했고, 처음 하는 일이다 보니 일이 익숙하지 않아 늦게까지 일을 하는 날이 많았다. 그런 그들을 보면서 나 역시 초심으로 돌아가려 노력했고, 그들이 지금은 인정받는 설계사가 되어있음을 누구보다 축하하고 기뻐했다.

지영이가 MDRT가 되고, 브론즈, 실버 직급을 달성해 갈 때마다 내 친구여서, 내 동기여서 자랑스러웠고, 영환이가 증원을 하고 스타(주 3건 계약) 100주를 달성했을 때도 진심으로 축하해 줄 수 있었다.

누군가는 이들을 보고 보험설계사는 저렇게 일을 하는 거구나 하고 배워간다면 우리 직업에 대한 인식도 조금은 달라지지 않을까 하고 기대해 본다.

일을 하면서 목표가 있고 롤모델이 있다는 건 행운일 것이다. 성공한 위치에 있는 사람을 따라 하기만 한다면 나 역시 성공할 수 있다는 단순한 논리이지만, 한번 시작해 보라. 그게 말만큼 그리 쉬운 일이 아니다. 누구보다 절실하게 누구보다 열정적으로 가슴속에 에너지를 품고 쉼 없이 달려왔기 때문에 그 사람들이 그 위치에 있는 것이다. 그들은 결코 운 좋게 그 자리에 오를 수 있었던 게 아니었다. 지영이와 영환이를 보면서 지금 그 자리의 특권을 충분히 누릴 자격이 있다고 앞으로도 보험을 시작하는 사람들의 귀감이 될 거라고 감히 말해본다.

시대 찬스

"어머니~."

퇴근 시간을 앞두고 어머님께 전화를 건다.

"어머니~ 저 오늘 일이 있어서 좀 늦어요. 저녁 먼저 드세요."

생각지도 못했던 일들이었다. 둘째를 낳고 나서 달라진 우리 집 풍경이다. 시어머님이 맞벌이하는 우리 부부를 위해 둘째가 어린이집 갈 때까지 몇 달 봐 주시겠다고 오셔서 함께 생활을 할 때였다.

첫째를 하루 반나절 진통 끝에 수술해서 낳았기에 둘째도 수술을 해서 낳아야만 했다. 예정일은 7월 말이었지만, 좋은 날을 받아 2012년 7월 18일 10시 수술 날짜를 잡고 예정일 이틀 전까지 출근해서 일을 했다. 17일 아침 백화점 문 열기도 전에 혼자 가서 필요한 용품을 대충 사고 집으로 돌아와 내일 병원으로 갈 짐을 챙겼다. 내일이면 열 달 만에 방 빼는 아이를 준비 하나도 없이 큰 아이 쓰던 것들만 정리해 놓았다. 그리고 다음 날 아침 병원으로 가서 아기를 낳았다. 정확히 10시 7분에

출산휴가는 석 달을 쓰기로 했으나 우리 일이 딱 정해놓고 쉬는 것도 아니고, 일이 있으면 잠깐씩 사무실을 나갔고, 컨디션 회복하면 좀 일찍 복직할 생각이었다. 매니저 자리를 오래 비워둘 수도 없었다. 밤낮 못 가리는 아들 덕분에 차라리 일하고 싶다는 생각이 들 찰나, 9월 M사에서는 세상에 둘도 없는 통합보험이 출시될 예정으로 엄청 바빴다. 8월 초부터 은근히 복직했으면 하는 지점장님과 팀장님들의 전화가 줄지어 왔다. 그리고 지점에서 누군가는 신상품 전수 교육을 받아야 했다. 8월 친정인 부산에서 교육을 받고 9월 5일 신상품 출시와 함께 한

달 보름 출산휴가를 끝내고 출근을 했다. 8월부터 바뀐 새 지점장님, 신상품 판매에 출근하면서 일은 많아졌지만, 어머님이 계셨기 때문에 7시 전에 허둥지둥 마치고 큰아이를 데리러 가는 일은 없었다. 하원 후 어머님이 큰아이도 봐 주셨고, 둘째도 아주 잘 돌봐주셨고, 저녁 준비도 해주셨다. 그래서 나는 아이 낳고 더 열심히 일할 수 있었다.

그리고 첫째 때는 감히 상상도 할 수 없었던 고객과의 상담도 저녁 시간에 잡았고, 조금 늦게 귀가해도 된다는 안도감으로 직원들과의 저녁 약속, 술 약속도 점점 늘어만 갔다.

오후 5시만 되면 직원들이 물었다.

"지현아~ 오늘 약속 있어?"

"지현 매니저. 오늘 마치고 뭐 해요?"

그럼 어김없이 수화기를 들어 어머님께 허락을 구한다. 허락이 아니라 어쩜 통보였을지도 모른다.

"어머니~ 별일 없죠? 예준이 잘 놀아요? 저 오늘 약속이 있어서 좀 늦어요. 저녁 먼저 드세요"

매일 똑같은 일이 반복되는데도, 시어머니는 화 한번 내지 않고 알았다고 대답하셨다. 내가 30년 함께 살아온 친정 엄마 같았으면 벌써 등짝 스매싱이 날아왔을 텐데…. 지금 생각해 보면 참 철없는 며느리였던 것 같다. 얼마나 엄청난 일을 한다고 자식 둘 시어머니한테 맡겨놓고 저리 돌아다닐까? 생각하셨을 것 같다. 그 당시 우리 지점에서 오후 5시만 되면 울려 퍼지는 유행어. "어머니~."

둘째 어린이집 갈 때까지만 함께 생활하시겠다던 어머니 발목을 또 잡았다. 도우미 아주머니도 구했지만, 둘째가 징들만 하니 일주일 만에 팔이 아파서 도저히 못 하겠다고 그만두셨다. 다시 사람 구할 때까지만 봐달라고 했던 게, 어머님은 1년을 더 우리 집에서 함께 생활했다.

시댁은 집에서 차로 20분 거리이다. 메르스로 학교가 휴교했을 때, 수족구로 둘째가 어린이집을 못 갈 때, 아이들에게 무슨 일이 생기면 항상 어머님은 우리 아이들을 봐주셨다.

어머님은 신랑이 초등학교 4학년 때 혼자되셨다. 어머님 나이 마흔두 살. 5남매를 우애 좋고 인성 좋은 사람으로 훌륭하게 키우셨다. 그런 어머님께 잘해야겠다는 생각은 결혼할 때나 지금이나 변함이 없다. 남편은 주말에 출근하는 날이 더 많으니 어머님과 나는 아이들과 함께 시간을 보낼 때가 많았다. 큰 시누이네가 중국으로 가 버리는 바람에 어머님 적적하실까 봐 주말이면 빼놓지 않고 찾아뵈려고 노력한다. 나는 막내며느리임에도 우리 집에서 제사를 지낸다. 이것도 어머님 때문이다. 어머님은 맏며느리였고 제사를 지내셨다. 큰형님과 작은형님이 사정상 명절과 제사를 못 지내게 됐을 때, 선뜻 내가 지내겠노라고 했다. 그때 어머님은 내 손을 잡고 고맙다고 눈물을 훔치셨다. 강산이 바뀌는 동안 몇 번 후회를 한 적도 있지만, 어머님이 살아계시는 동안은 내가 해야 할 일이라고 생각한다. 남들은 힘들지 않냐고 하는데, 친정집처럼 제사가 일 년에 12번 있는 것도 아니고, 명절 2번, 제사 3번, 365일 중 5일밖에 되지 않는다. 가족들끼리 모여 저녁 한 끼 먹고, 명절에 먹고 싶은 음식 먹는 게 그리 힘든 일은 아니라고 생각한다.

시어머님이 제주도는 몇 번 가 보셨는데 60이 넘도록 해외여행을 한 번도 해 본 적이 없다고 했다. 어머님의 첫 해외여행은 꼭 내가 보내 드려야겠다고 생각했다. 다리가 불편하셔서 관절염 약도 드시고, 병원도 자주 들락날락하시는데 더 아프시기 전에 한 번 모시고 직접 다녀와야 겠다고 마음먹은 지 2년 만에 어머님과 필리핀 세부로 가족여행을 다녀온 적이 있다. 여름 성수기에 다녀와서 비용은 생각보다 많이 들었지만,

비행기 창 쪽에 앉아 창밖 풍경을 내다보시던 어린아이 같던 어머님 표정을 잊을 수가 없다. 첫 해외여행임에도 어머님은 낯선 음식을 남편보다 더 잘 드셨고, 호핑투어를 직접 하며 스노클링도 즐기셨다. 돌아오는 비행기에서도 당신이 창문 쪽으로 앉고 싶다고 자리를 바꾸셨을 정도로 어머님은 첫 해외여행에 대한 설렘이 있었던 것 같다.

다음 해 3월.

7개월이 된 둘째는 어린이집을 다니게 됐다. 어머님이 종일 혼자 보기 힘드신 것도 있지만, 믿는 구석이 또 있었다. 집 근처에서 어린이집을 운영하시는 아이들 큰엄마가 있었기 때문이다. 태어나자마자 어린이집 예약을 걸어두고 3월 신입생 모집을 할 때 예준이는 입학을 했다. 첫째를 봐주던 아파트 내 어린이집도 맘에 들었지만, 큰엄마니깐 아침 출근길 10분을 돌아가더라도 믿고 맡길 수 있었다. 그때가 연일 뉴스에 어린이집 사건사고도 많았었다. 하지만 평소 형님 성품상 아이를 때리거나 굶길 것 같진 않았다. 집에서 진상 소리를 듣고 자란 아들은 졸업할 때까지 어린이집에서는 골칫거리였을 것이다. 어린이집 등원 시간은 정해져있지만 내가 지방 교육이라도 있는 날에는 새벽같이 형님네에 맡기기도 했고, 업무가 밀려 퇴근이 좀 늦어지는 날이면 저녁까지 형님이 해결해주셨다. 홍길동도 아닌데 큰엄마를 큰엄마라고 부르지 못하고 원장님이라고 부르며 아들은 4살 꽉 채우고 어린이집을 졸업했다. 함께 생활했던 친구들도 예준이 큰엄마가 어린이집 원장님이었다는 사실은 어린이집을 졸업하고 알게 되었다. 우리 둘째 형님도 생각 없이 훅훅 부탁하는 동서 때문에 3년 내내 마음고생 많았을 것 같다.

시어머님과 형님뿐만 아니라 주변에 두 시누이네도 함께 살았다. 이

집 저집 우리 아이들은 잘도 가서 잤다. 처음부터 그랬던 건 아닌데, 엄마 없으면 잠도 잘 못 자던 아이들이었는데 어쩔 수 없는 상황이 자주 생기다 보니 아이들은 큰아빠네 집, 고모네 집에 가서 자는 걸 더 좋아했다. 지금도 가족끼리 만나면 묻는다.

"엄마, 큰아빠 집에서 자고 가면 안 돼?"

"엄마, 오늘 채훈이 형이랑 같이 자도 돼요?"

한편으론 짠하면서도 엄마 닮아 역마살 있나?라는 생각도 들고, 다른 한편으로는 어디 가서 말 못하고 엄마 치마폭에서 쭈뼛쭈뼛거리는 것보단 넉살 좋은 성격이 낫지 하고 내 마음을 다독거려본다.

처음 천안 왔을 때 시댁 식구들을 매주, 매일 보는 부담감은 엄청났다. 신혼 2년을 어머님과 함께 살다 보니 비밀번호 누르고 불쑥 들어오는 아주버님, 퇴근 시간에 저녁 먹으러 오는 시누이네. 하루 이틀도 아니고 힘들었다. 그때는 그런 마음을 감추지 못하고 얼굴에 싫은 내색을 했다. 그런데, 지나고 이들을 가족으로 받아들이고 보니 지금은 마음이 더 편해졌다. 요즘은 오히려 저녁 먹으러 오라고 형님께 먼저 연락드리기도 하고, 주말 아침엔 해장국 먹으러 일가족이 함께 나서기도 한다. 아이들도 다 비슷한 또래여서 둘이 있을 때보다는 모이면 더 잘 놀았다. 나와 피를 나눈 형제는 아니지만, 신랑과 혈육으로 맺혀진 인연이니 가족 모두가 막내 잘되라고 이렇게 많이 도와주셨나 보다.

내가 일을 함에 있어서 시댁 식구들이 천안에 없었다면 지금의 나는 없었을지도 모른다.

제 **3** 장

고객을 만나다

아프기 전에 연락주세요

고객들은 으레 아프면 나를 찾는다. 내가 의사도 아닌데, 병원만 다녀오면 나를 찾는다. 요즘 세상에 보험 없는 사람이 어디 있으랴? 대한민국 국민이라면 개인이 준비한 보험부터 회사에서 들어주는 단체보험까지 두세 개 정도는 필수로 가지고 있으리라 본다. 일을 시작하기 전, 나 역시 보험 마니아까지는 아니었지만, 얇은 귀 덕분에 누가 살짝만 이야기해도 혹해서 들어 놓은 보험이 몇 개 있었다. 홈쇼핑을 통해 들어 놓은 보험까지 네 개 정도 가지고 있었다. 하지만 보험은 들어만 놓고 보상받을 일이 많지 않았다. 입원을 해야만 입원비가 나왔고, 수술을 해야만 수술비가 나왔다. 병원 다녀와서 청구하면, 3일 이상 입원하지 않아서 입원비가 지급이 안 된다고 했고, 시술은 보장하지 않는다고 해서 수술비를 못 받았던 적도 있었다. 그리곤 실망해서 보험을 해지했다가 또 누가 옆에서 이거 들었다고 이야기하면 좋은 건가? 하고 알아보고 또 가입하기를 여러 번….

보험은 가입도 중요하지만, 유지도 중요하다. 유지를 하고 있어야지만 나중에 무슨 일이 생겼을 때 보상을 받을 수 있기 때문이다. 그래서 나는 보험을 무리하게 가입시키지 않는 편이다. 고액 계약이 없는 것도 어쩜 그런 이유 때문인지 모르겠다. 같은 보장이라면 좀 더 저렴하게 가입할 수 있는 방법을 알아봤고, 상담 시 금액이 어느 정도면 부담 없이 유지 가능한지 여쭤보고, 그 가격선에서 가입을 제안했다. 그래서인지 유지율이 좋은 편이다. 2년 전 대리점으로 이직하고 가입했던 고객들 중 단 한 명의 고객만 개인 사정으로 해지했고, 모든 고객분이 유지하고 있다. 그 이전에 가입했던 고객들 대다수가 아직도 보험을 유지하고 있고, 필요한 부분들은 소액으로 추가 계약을 하고 있다.

보험이 유지가 중요한 이유는 '대기기간' 때문이다. 많이 들어 봤을 것이다. 암은 가입하고 바로 보장되는 게 아니라 1년이 지나야 100% 보장된다고⋯. 이건 실비가 아니라 진단금 이야기이다. 내가 동종의 질병으로 병원 통원이나 입원 이력이 없다면 가입하는 즉시 실비는 보상이 가능하다. 즉, 병원 한 번 다닌 적 없는 사람이 오늘 가입해놓고 밤에 속이 쓰리고 구토 증상이 있어 응급실에 가서 이것저것 검사를 했더니 위암이라고 한다. 그럼 병원비는 실비에서 보상되고, 암 진단금이 지급되지 않는다. 암 진단금은 대개 90일 이내에는 지급이 안 되고, 1년 미만인 경우 가입금액의 50%가 지급된다. 가입일로부터 1년이 경과해야지만 내가 가입했던 진단금의 100%를 다 받을 수 있다는 말이다. 이 기간을 대기기간이라고 하는데, 흔히들 오해하는 게 실효했다가 보험을 다시 부활하게 되면, 대기기간이 다시 발생한다는 것이다. 형편이 어려워서 보험이 실효됐다가 몇 달 뒤 밀린 돈을 다 내고 보험을 살렸다면 암 진단금은 다시 90일, 1년이 지나야 받을 수 있게 된다. 고객들에게 가입도 중요하지만, 유지가 더 중요하다고 말하는 이유가 여기에 있다.

고객들을 만나면서 아쉬웠던 적이 몇 번 있다. 천안에서 알게 된 동갑내기 아기 엄마가 있었다. 일이 일인지라 그 집 남편의 증권을 본 적이 있는데, 결혼 전에 시어머니가 들어준 주계약 5,000만 원의 종신보험이었다. 우리 남편과 비슷한 케이스였고, 비슷한 금액으로 보장을 더 늘릴 수 있다고 이야기했지만, 그 집 남편을 만나기 힘들었고, 보험에 대해 대수롭지 않게 생각했던 친구라 더 이상 권유하지도 않았다. 그리고 2년쯤 지나고 그 집 남편이 죽었다. 사고였다. 회사에서 쓰러져 병원으로 옮겼지만 옮기는 도중 구급차 안에서 사망했다. 그 뒤 많은 복잡한 일들이 있었다. 결혼 전 가입했던 종신 보험은 계약자가 시어머니, 피보험자가 남편, 수익자가 시어머니로 되어있었다. 결혼 후 남편은 자동이체 통장만 변경해서 보험료를 내고 있었다. 사망 후 사망보험금은 수익자인 시어머니에게로 갔고 시어머니는 그 돈을 며느리인 친구에게 줄 수 없다고 했다. 내 아들 죽어서 받은 목숨값이고, 당시 34살이던 며느리에게 "넌 아직 젊으니 재혼을 할 수도 있고, 4살, 2살 어린아이들은 내가 키우게 될 수도 있으니, 이 돈은 내가 가지고 있어야겠다."라고 단호히 말씀하셨다. 결국 친구는 은행 집이었던 집을 팔고 아이 둘을 데리고 친정집에 얹혀사는 신세가 되었고, 시댁과는 인연을 끊었다. 마음이 많이 아팠다. 물론 그런 일이 없었으면 좋았겠지만. 내가 좀 더 적극적으로 이야기했더라면 이런 상황이 생겼을 때 이 친구에게 금전적으로나마 조금은 도움이 되었을 텐데…라는 후회를 했고, 그 뒤 가장의 증권을 분석할 때면 꼭 수익자를 챙겨보는 버릇도 생겼다.

　고객들에게 일이 생겼을 때 보험회사는 애매한 경우 지급을 하지 않는다. 몇 달 전 보상교육을 돈을 내고 들은 적이 있다. 인터넷에서는 파워 블로거였고, 보험회사와의 싸움에서 이겨 보상받는 사례가 있었다고 하니 돈을 내고서라도 배우고 싶었다. 종일 진행된 강의는 나름 만족했다. 교육생들의 인적 사항을 알아갔고, 궁금한 점 있으면 교육 후 AS까지 하기로 약속했지만, 그는 달라졌다. 어느 날 이런 경우 보상이 될까요? 청구하면 받을 수 있을까요? 질문했더니, 그는 한 사이트 링크를 걸어왔다. 읽어보니 어이가 없었다. 저녁 6시 이후에는 질문을 받지 않겠다. 본인도 점심을 먹어야 하니 12~13시까지는 질문을 받지 않겠다. 본인도 아침엔 본인 업무를 봐야 하니 오전 9시 30분 이후에 질문해달라는 내용이었다. 내가 보낸 시간을 보니 5시 59분에 카톡을 보냈던 거였다. 도움이 구한 게 내 쪽이니깐 알았노라 하고 말았다. 퇴근길에 곱씹어 보니 씁쓸한 웃음이 나왔다. 유명한 강사였고, 배워두면 도움이 될 것 같아 사무실 직원들도 함께 교육을 받으러 가자고 내가 주동을 했다. 그리고 8명이나 함께 가서 교육을 들었고, 교육을 받을 때는 정말 귀에 쏙쏙 들어올 정도로 흡족해했다. 다들 먼 길 잘 왔다고 도움이 많이 되었다고 칭찬을 했지만, 사람은 화장실 들어갈 때와 나올 때가 다른 법이니깐. 사람이 하는 일이니깐 본인이 어느 정도 룰을 정하고 하는 것도 십 분 이해가 된다. 다른 사람들이 생각하기에 충분히 그럴 수 있는 일이지만, 내가 생각하는 사람과 사람과의 관계는 그렇지 않다. 더군다나 이게 영업이라면 말이다. 우리는 고객이 하는 계약에 의해 월급이 발생한다. 그 강사 역시 우리가 내는 교육비로 일정 부분 소득을 올렸을 것이다. 그럼 애당초 본인은 이러한 사람이니 교육 후 AS라는 말 따위는 하지 말든지…. 괜히 질문했다가 기분만 망친 날이었다.

청약할 때 사인이 끝나면 내가 꼭 하는 말이 있다.
"밤이든 휴일이든 상관없이 보험 관련해서 무슨 일 있으면 전화 주세요.
병원 가기 전에 전화 주셔야 제가 도움 드릴 수 있어요.
병원 다녀오시고 나서 연락 주시면 어쩌면 도움을 못 드릴 수도 있습니다."
그래서인지 내 고객들은 정말 새벽이든 휴일이든 연락을 했다.
아이가 아파서 응급실 가는 건 다반사고….
"시아버님이 사고가 났는데요…. 지현 씨밖에 생각이 안 나서요…."
"친구가 주차된 차를 박았는데…. 그쪽 설계사가 연락이 안 돼서요…"

새벽이든 휴일이든 상관없이 고객들의 전화는 다 받았다.

나는 그게 내가 할 도리라고 생각하고 살아왔는데, 그분을 보니 영업도 이런 식으로 하실까? 하는 의구심이 들었다. 고객한테도 전 6시 이후에 전화는 안 받습니다. 휴일에는 가족과 함께 보내야 하니 연락이 안 될 겁니다. 이렇게 이야기하면 어떤 고객이 이 사람을 믿고 보험을 들 것인가?

영업에서 가장 중요한 건 소통이다. 내가 필요할 때 그 자리에 있어주는 것은 나의 당연한 역할인 것이다. 언제든지 날 찾아도 좋고, 언제든지 연락을 해 와도 좋다.

아프고 나서 설계사를 찾으면 보험을 가입시킬 수 있는 방법이 전혀 없다. 아프기 전에 연락해야지 도움을 드릴 수 있고, 아님 최소한 병원 가기 전이라도 연락을 해야 방법을 모색할 수가 있다. 병원 가기 전에, 아프기 전에 연락 주세요!

나에게는 친언니 이상으로 허물없이 지내는 언니들이 3명이나 있다. 다들 첫 보험회사 다니면서 맺은 인연인데, 서로 의지해가며 자매처럼 지내는 사이다. 속 깊은 명란 언니는 모든 신입들을 품어주었다. 당시 나한테는 이야기 못 했던 고민거리들을 신입들은 명란 언니한테는 곧잘 털어놓곤 했다. 알고 보니 우리 신랑과 고향이 같아서 이후에 더 친해지기도 했다. 나이답지 않게 소녀감성 풍부한 미경 언니는 낙엽 굴러가는 것만 봐도 깔깔거리고 웃는 웃음이 많은 언니이고, 현숙 언니는 매사 툴툴거리긴 하지만 악의 없이 본인이 가진 것 다 퍼주는 스타일이다. 매일 붙어있다 보니 자식 이야기, 남편 이야기, 가족 애경사까지 모든 일을 굳이 알려고 하지 않아도 알게 되었다. 얼마나 의리가 있었던지 우리는 M사를 한날한시에 짐을 싸서 나왔다. M사를 나오면서 뿔뿔이 흩어졌다가 내가 대리점으로 이직하면서 미경 언니와 현숙 언니는 또 함께하게 되었다.

대학 친구 중에 울산에서 음식점을 하는 현주라는 친구가 있다. 부산 끝자락인 기장에 살았었고, 집 앞이 바로 바닷가라 학창시절엔 친구들끼리 현주네 집에 놀러 가 하루 이틀씩 자고 오기도 했다. 성품 좋으신 아버님, 어머님은 요즘도 내가 가면 "지현이 왔나?" 하고 우리 아이들까지 반겨주시고, 갈 때는 창고를 털어 농사지으신 다시마며 미역을 꼭 챙겨주신다. 현주는 학창시절부터 빠른 손놀림으로 MT 가서도 음식을 척척 해내는 살림꾼이었다. 그런 친구가 일식을 배운 동생과 함께 울산에서 일본식 술집을 했다. 그 집은 한우 초밥이 정말 일품이다. 내가 먹어본 한우 초밥 중에 감히 넘버원이라고 엄지 척 할 수 있는 맛이었다. 식당을 해서 돈도 많이 벌었고, 동생은 결혼을 했고, 기장 쪽에 건물을 사서 2호점을 오픈하게 되었다. 그곳 화재보험 때문에 울산 상담을 가야 하는데, 여행도 할 겸 1박 2일 코스로 미경 언니랑 현숙 언니와 동행을 하게 되었다.

여행의 출발은 언제나 들떠있기 마련이다. 언니네 아이들은 다 컸다지만, 우리 집은 꼬맹이들이 있어서 친정인 부산에 데려다주고, 우리는 맛집투어하는 아줌마들 마냥 언양을 거쳐 울산으로 갔다.

친구네 식당에서 기분 좋게 청약서에 사인도 받고, 저녁 무렵 우리는 술잔을 기울이며 깔깔거리고 있는데, 현주가 먼 길 온 우리를 위해 버터구이 랍스터를 줘서 맛있게 먹고 있던 찰나, 담배 냄새가 났다. 주변을 둘러보니 50대 초반쯤 되어 보이는 남녀 한 쌍이 옆 테이블에 있었는데, 남자가 가게 안에서 담배를 피우고 있는 것이었다. 요즘 같은 세상에 실내 금연인데, 담배를 피우길래 직원이 가서 좋게 이야기를 했다. 술이 거나하게 취한 손님은 상식은 안중에도 없고 큰소리를 내기 시작했다. 직원이 우리 테이블로 와서 현주에게 상황 설명을 하니 그 남자는 돌변하여 우리 테이블을 향해 욕을 하기 시작했다.

"니가 사장 년이냐?"

현주가 자리에서 일어나서 그쪽 테이블로 갔다.

"손님, 다른 손님들도 계신데, 담배 피우시는 건 좀…."

"벌금 내가 내면 될 거 아니야? 씨발 돈이 없나?"

몇 번 손님에게 주의를 주던 현주는 자리를 떴고, 다른 테이블 사람들이 우리를 쳐다봤다.

순간 일어난 일에 가슴이 콩닥거리기 시작했다. 이게 무슨 일이야?

저 아저씨는 갑자기 왜 욕을 하고 난리야. 누구는 욕할 줄 모르나? 저 사람은 왜 실내에서 선글라스를 끼고 있는 거야? 속으로 수만 가지 생각을 하고 있는데 미경 언니가 이야기했다.

"얼른 먹고 가자."

안주도 제법 남아 있었지만, 자리를 피하는 게 좋을 것 같아 남은 음식을 빨리 먹고 있는데 또 한소리가 귀에 들린다.

"개, 돼지 같은 X들. 처먹는 거 봐라"

헉! 이거 욕 맞지? 그때부터 말이 오고 갔다.

"뭐라고 하셨어요?"

"개, 돼지라고 했다. 돼지같이 처먹기만 하고…"

"왜 욕하세요? 저희도 손님이거든요. 그리고 남의 가게에서 담배 피우는 건 좀 그렇지 않나요?"

"씨발~ 내가 피우는데 니가 뭐? 뭐!"

"다른 사람들도 있잖아요. 무식하게 어디서 담배 피우시는 거에요?"

"벌금 내면 되잖아. 씨발 돈도 없는 것들이~"

고성이 오가고 옆 테이블에서도 한마디씩 했다.

"조용히 좀 먹읍시다."

"담배 피우지 마세요."

저쪽 끝에서 핸드폰을 들고 동영상을 찍고 있는 사람이 눈에 들어왔다. 다른 테이블에서 경찰에 신고를 했는지 조금 있다가 가게 문 앞에서 서성이는 경찰이 보였다.

경찰은 직원에게 상황 이야기를 듣고 가게 안으로 들어와 그 아저씨에게로 다가갔다. 아무 일도 없었던 것처럼 순진한 사람마냥 꼬부라진 허로

"아무것도 안 했는데요."라고 대답하는 아저씨 말이 떨어지기 무섭게

"저희한테 욕하셨잖아요!!" 하고 말이 툭 나가버렸다.

"다른 손님한테 욕하시면 어쩝니까? 조용히 드시고 가세요"

"네네."

갑자기 순진한 양으로 변한 걸 보니 아이가 없었다. 이게 꿈인가?

"빨리 먹고 우리도 가자."

"안주 다 식었네."

"쯧쯧…. 경찰 오니깐 찍소리도 못하네."

그때 우리 이야기를 들었는지 선글라스 낀 아저씨는 또 욕을 퍼부어 댔다.

"개, 돼지 같은 X들 또 처먹네."

초등학생이 선생님에게 고자질하듯 가게 문을 나가는 경찰 아저씨를 향해 소릴 질렀다.

"경찰 아저씨. 이 아저씨 또 욕하는데요!"

우린 자리에서 벌떡 일어났다. 경찰 두 명이 뒤돌아 와서 우리에게 물었다.

"뭐라고 욕하셨어요?"

"어…. 어…. 저 아저씨가 개 돼지 같은 X들이라고 그랬어요."

그렇게 경찰이 있는 상황에서도 고성은 계속 오고 갔고, 테이블 위에서 매운탕이 끓고 있는 것조차 불안해 보여 조용히 불을 껐다. 경찰이 누차 경고를 했음에도 그 아저씨는 계속 소릴 질렀고 잠시 후 경찰관 두 명이 더 가게 안으로 들어왔다. 경찰관은 수첩을 꺼내 우리의 인적 사항을 적어갔다. TV에서 보던 일들이 눈 앞에 펼쳐지고 있는데, 그 주인공이 우리였다. 믿을 수 없는 현실 속에 결국 그 아저씨는 영업방해 현행범으로 체포되어 팔에 수갑을 차고 경찰관에게 끌려갔다. 더 이상 그 자리를 지킬 수가 없어 서둘러 가게를 나와 우리도 숙소로 향했다.

가는 동안 심장이 벌렁거렸다. 왜 이런 상황이 벌어진 거야? 오늘 같은 날에…. 할 줄 아는 욕이 미친놈밖에 없어서 진짜 미친놈이라고 욕하고 숙소에 도착하니 현주에게서 전화가 왔다.

그 아저씨가 지구대에서 경찰서로 넘어가는데, 피해자 신분으로 오라고 한다고…. 친구 혼자만 경찰서로 보낼 수 없어 현주가 알려준 지구대로 갔다. 그곳에서 또다시 마주한 아저씨의 선글라스 너머로 살기가 느껴졌다. 혹시 나중에 복수라도 하면 어떡하지? 지구대에서 우린 다시 울산 남부 경찰서로 넘어갔고, 그곳에서 경찰관과 나란히 마주 앉았다.

"그 가게는 오늘 처음 가신 겁니까?

"친구 가게이고, 저희는 천안에서 놀러 왔어요."

"저 사람과 아는 사이입니까?"

"아니요. 오늘 처음 본 사람입니다."

"왜 시비가 붙은 거죠?"

"저 아저씨가 가게 안에서 담배를 피웠어요. 피지 말라고 직원이 이야기했고, 말을 안 들어서 직원이 우리 테이블에 있던 친구한테 와서 상황을 이야기하니깐 저 사람이 대뜸 욕을 했어요."

"뭐라고 했나요?"

"니가 사장 X이냐?라고요."

"다른 이야기도 했나요?"

가만히 있던 현숙 언니가 한마디 한다.

"우리한테 개, 돼지 같은 X들. 처먹기만 한다고 했잖아."

컴퓨터 모니터만 처다보던 경찰관이 우릴 보고 피식 웃는다.

"처벌을 원합니까?"

"네. 처벌을 원합니다."

잠시 후 내용을 정리한 A4 용지 두 장이 나오고 밑에 지장을 찍으라고 했다.

그걸 보고 있자니 허허 웃음이 나왔다.

울산까지 와서 이 밤에 이게 뭐 하는 짓인가? 법 없이도 살 줄 알았던 내가 이 새벽에 경찰서에서 조서를 썼다. 2월의 새벽 공기는 제법 차가웠다. 숙소로 돌아오는 길에 생각해 보니 우리는 천안으로 올라간다지만, 울산에서 가게를 하는 친구가 걱정이 되었다. 그 아저씨가 와서 또 행패 부리면 어떡하지? 괜히 처벌해 달라고 했나? 하고 머릿속 생각이 정리되기도 전에 현주한테서 전화가 왔다.

가게 잘 도착했고, 친구가 도착하기 조금 전 그 아저씨가 또 찾아와서

"사장 X이랑 개, 돼지 어디 갔어? 아직도 안 왔어?" 하고 찾았었다고.

울산에서 우리는 개, 돼지가 되어 돌아왔다. 그 뒤 언니들은 울산은 본인들이랑 안 맞는다고 울산 이야기만 들어도 치를 떤다.

맛난 음식도 먹고 계약도 받고 기분 좋은 날이었지만, 마지막에 경찰서 사건으로 그날은 나에게 운수 좋은 날로 기억되는 날이다. 가끔 어두운 밤길 혼자 걷다 보면 그날 경찰서 앞에서 느꼈던 스산한 기운이 코트 속으로 들어오는 듯한 느낌이 든다. 오늘도 그런 날이다.

아침밥 준비를 하는데, 평소보다 일찍 일어난 예원이가 외친다.

"엄마!! 밖에 비 와요~"

아이고, 비 소식 없었는데….

창밖을 내다볼 시간도 없이 조금 더 바삐 움직인다. 월요일이고 비가 오면 차가 막힐 게 뻔하기 때문이다. 서둘러 출근 준비를 끝내고 5분 일찍 집을 나섰다.

다행히 비는 살짝 내리다 멈추었고, 길도 얼지 않았고, 오히려 차도 덜 막힌다. 평소보다 일찍 출근해 직원들 마실 커피도 내리고…. 커피 한 잔의 여유도 부려본다. 4층에서 내려다본 창밖 주차장에 차들이 차곡차곡 줄 맞춰 채워지고 있다. 창문에 토독토독 떨어지는 빗소리에 맞춰 그날 일이 생각나 또 눈시울이 붉어진다.

2009년 여름.

고객 병문안 갔다가 같은 병실을 사용하시던 아버님 한 분을 알게 되었다.

키는 좀 작았지만, 피부는 여자보다 더 고왔고 흰머리가 어울리는 그런 중년의 아저씨였다.

입원 중이었던 고객님께 실비보험에 대해, 보험금 지급 관련해서 안내를 해드리고 니오는데, 같은 병실을 쓰는 남자분이 명함 한 장 주고 가란다.

명함을 드리고 나와 사무실에 도착하기도 전에 전화가 왔다.

"나 조금 전 병원에서 봤던 사람인데…. 아까 그거 좀 자세히 설명해 줄 수 있어요? "

2009년이면 실비보험은 너도나도 다 가입해야 하는 필수 보험이었다. 2009년 8월 제도 개정이 되면서 본인 부담금이 늘어나게 됐으니 7월이면 일단 가입해 놓고 보는 게 실비보험이었다. 그 정도로 실비보험의 마지막 전성기였다. 설명드리러 다시 찾아뵙겠다고 하니 전화로 설명해 달라고 하시는데 말로 전달하는 건 한계가 있었으니 전화로 설명만 들으시고는 알았다고 끊으셨다. 보험 상담을 한 사람들이 전부 보험 가입하는 건 아니고 한창 바쁠 때라 그러려니 하고 일상생활을 하고 있는데 두어 달 뒤 다시 연락이 왔다. 한번 만났으면 한다고⋯⋯.

며칠 뒤 만난 그분은 그때의 상황을 설명해 주셨다. 집은 홍성이고 그 당시 요로결석 때문에 천안으로 와 대학병원에서 수술을 하셨고, 홍성에서 지내다가 검사 때문에 천안에 다시 오신 거라고 이야기하셨다.

본인 주민등록번호 앞자리랑 이름을 알려주시고 그때 그 보험 본인도 가입 가능한지 알아봐 달라고 하셨다. 지난번 설명드린 것과는 다르게 실비가 조금 변경되었다고 변경된 부분을 안내해 드리니, 그래도 한번 알아봐 달라고 하셨다.

최근 수술 이력 때문에 수술 부위 부담보는 떨어졌지만, 가입은 가능하다고 안내를 해드렸다. 그런데 전날까지만 해도 실비보험에 대해 아주 적극적이었던 분이 하루아침에 태도가 달라지셨다. 시큰둥한 반응이었다. 아버님이 보기에 내가 못 미더워 보였나? 생각해 보겠다고 일단락 지으셨고 아버님은 가끔 천안에 오면 연락은 하셨지만, 보험 가입은 하지 않으셨다. 아버님께 계약을 받기까지 족히 1년은 넘게 걸렸던 걸로 기억한다.

가끔 문자나 전화로 안부만 묻고 지내다가 시간이 흘러 아버님은 그거 이제 가입할 테니 홍성으로 와 달라고 하셨다. 그때 알았다. 아버님이 1년 전 나한테 알려준 본인 정보가 가짜 이름이고 생년월일도 틀리다는 사실을….

암튼 아버님은 실비와 진단금이 조금 들어간 보험을 가입하셨고 연체 없이 꼬박꼬박 보험료를 내고 계셨다.

2016년 여름.

휴가 중이었는데 전화가 왔다. 그 아버님이었다.

"김지현 씨? 잘 지냈어요? 한번 뵙고 싶어 연락드렸습니다.

날 만나러 홍성에 한번 와 주실 수 있으세요?"

전화를 끊고 휴가 내내 머리가 복잡했다.

찾아뵐 때마다 멀리서 왔다고 따뜻한 밥을 사주시고 여자보다 더 고운 피부에 흰머리를 흩날리셨던 아버님이 암에 걸리셨다고 한다. 서울에서 수술은 잘되었고, 퇴원하면서 서류도 다 준비해뒀고 그러니 나를 만났으면 한다고 하셨다.

휴가가 끝나고 출근하자마자 홍성으로 갔다. 어떤 옷을 입고 갈까? 무슨 말을 꺼낼까? 어떤 과일을 좋아하실까? 점심은 뭘 사드릴까?

이런저런 질문이 아버님을 만나러 가는 내내 머릿속을 맴돌고 2년여 만에 만난 아버님은 환한 미소로 내 손부터 덥석 잡으셨다.

반갑다고…. 고맙다고…. 정말 고맙다고….

가게에 앉아 이런저런 이야기를 나누다가 아버님이 밥 먼저 먹자고 내 손을 이끈 곳은 곰탕집이었다. 이 집에도 얽힌 추억이 있다. 먼 거리에 계신 고객님은 오며 가며 들러야지 얼굴이라도 한번 보지, 그렇지 않으면 1년에 한 번 얼굴 보기도 힘들다.

몇 해 전 신입을 따라 홍성으로 동반을 갔다가 시간이 좀 남아 아버님께 인사를 드리러 간 적이 있다.

오랜만에 만난 아버님은 점심때가 됐으니 밥 먹고 가라고 계속 잡으셨다. 일행이 있어서 그냥 가겠다고 하니 당신도 같이 먹자고 그날 우리에게 맛난 곰탕을 사주셨던 곳이 바로 이 집이었다.

종업원이 안내하는 테이블로 신발을 벗고 자리에 앉았는데 그때 그 자리였다. 주차하고 오시겠다는 아버님을 기다리며 수저를 정리해서 놓는데, 그때의 기억이 오버랩된다.

식사를 하고 보상서류를 받아 돌아오는 길.

연신 고맙다고⋯. 고맙다고⋯. 앞으로도 잘 부탁한다고⋯.

지현 씨를 만나 암 진단금도 받았고. 실비란 걸 가입해놔서 지금은 아파도 병원비 걱정 없다고⋯.

먼 길 오느라 고생했다고 차비라도 하라고 한사코 쥐어주신 하얀 봉투.

이러시면 안 된다고⋯. 나 변호사법 위반으로 잡혀간다고 돌려드리고 차에 올라탔는데 조수석 문을 열어 봉투를 투척하고는 우산도 쓰지 않고, 뒤도 돌아보지 않고 뛰어가신다. 이걸 어떻게 돌려드리나? 받아도 되나? 어찌해야 하나? 오는 내내 고민했지만 마땅한 방법이 떠오르지 않는다. 내리는 비 때문에 연신 와이퍼가 움직이는데 내 마음도 복잡스럽다.

이 마음을 어찌 헤아려야 할지⋯.

아! 내가 하는 게 이런 일이구나.

일에 대한 열정은 UP 됐으나 가슴 한편은 먹먹하고 아프기만 하다.

내가 이 일을 하지 않았다면 굳이 나에게 알리지 않아도 됐을 것을…:

그리고 보니 이 일을 하면서 주변 사람들의 애사를 많이도 접했다.

사촌 언니의 갑상선암 사실을 가장 먼저 접한 것도 나였고, 친구 남편의 사망 소식을 가장 먼저 접한 것도 나였다. 병원비가 얼마나 나오는지. 진단비가 얼마나 나오는지 수술비는 받을 수 있는지 큰일이 생기면 주변 지인들은 나를 먼저 찾았다.

그러면서 깨달은 건 보안 유지이다. 고객들이 가끔 얽혀 있을 때가 있다. A라는 고객과 B라는 고객이 같은 모임을 한다든지, B 고객과 C 고객의 남편이 같은 회사에 다닌다든지, 천안이 좁다면 좁은 곳이다 보니 한두 다리 건너면 알게 되는 사람들이다. 보험금 때문에 나에게 이야기는 했지만, 좋은 일도 아니고 다른 사람이 굳이 몰라도 된다면 이야기 안 하는 게 우리 일의 기본이다.

말은 입을 떠나는 순간 책임이라는 행동이 뒷받침되어야 하기 때문이다.

요즘도 한 달에 한 번씩 꼭 아버님께 연락을 드린다. 이유는 두 가지이다. 하나는 건강하길 바라는 마음으로 드리는 안부 전화이고, 두 번째는 혹시나 하는 일이 생겼을지도 모르기 때문이다. 나는 아버님 외에는 다른 식구들을 알지 못한다. 혹시 아버님에게 만약의 일이 생긴다면 사후 보험금 지급도 내가 해야 하는 가슴 아픈 일 중의 하나이기 때문이다. 오늘도 두근거리는 마음으로 아버님께 전화를 드렸다. 전화를 누가 받게 될지…. 수화기 넘어 목소리를 확인하기 전까지 나의 마음은 많은 정리되지 않은 감정들이 실타래처럼 얽혀있다. 그 실들을 하나하나 풀어가는 것 또한 내 몫일 것이다.

얼마 전 대전으로 고객 따님 결혼식을 다녀왔다. 운전해서 가는 동안 내가 시집가는 것도 아닌데 마음이 설렌다. 8년 전 소개를 받고 어머님을 만났다. 대전에서 편의점을 하셨고 자동차를 구매하시고 자동차 보험과 당신 운전자 보험에 가입하셨다.

"운전자 보험 이거 얼마 한다고? 천안에서 대전까지 차비도 안 남겠네요."

말씀은 그렇게 하셨지만 15,000원짜리 운전자 보험이 이렇게 오래도록 어머님과 나를 이어주었다. 거리가 멀면 택배로 서류가 오고 가기도 하지만 바람도 쐴 겸 대전으로 직접 가서 어머님을 만났었다. 더운 여름날 편의점 냉장고에서 음료수 하나 꺼내주시며 사인을 척척하셨고 그게 인연이 되어 오늘 나는 그분 딸 결혼식을 가고 있다.

계약하고 며칠 뒤 새벽에 전화벨이 잠깐 울리다가 끊겼다. 전화를 잘못 걸으셨나? 생각하는 찰나 전화벨이 또 한 번 울리고 끊어졌다. 직감적으로 무슨 일이 있구나. 침대에서 일어나 거실로 나와 전화를 걸었다.

"어머님… 무슨 일 있으세요?"

"미안해요. 너무 늦은 시간이라 내가 전화했다가 끊었는데…."

"아니에요. 어머니. 말씀하세요"

"집에 가는 길인데, 사고가 났어요. 사람을 쳤어요."

정신이 번쩍 들었다.

"어머니. 어머니는 괜찮으세요? 안 다치셨어요?"

"나는 괜찮아요. 나는 괜찮은데… 정신이 없네. 어떻게 해야 해요?"

"제가 보험사에 사고 접수해 드릴게요. 전화 오면 꼭 받으셔서 위치 설명해 주시고요. 어머님은 119 신고하셔서 구급차 부르세요."

콜센터로 사고 접수를 대신해드리고 잠시 후 어머님과 다시 통화를 했다.

"어머님, 보험사에서 바로 현장 출동할 거고, 보험 다 가입되어있으니깐 걱정하지 마세요. 어머님도 아프시면 병원에 가셔도 돼요. 많이 놀라셨죠?"

어머니를 진정시켜 드리고 다시 침대에 누웠는데 잠이 안 온다. 다음 날 또 어머님과 통화를 하고 보상 진행 상황을 알려드리고 몇 차례 더 통화를 하고 그 사고는 종결되었다.

어머님이 한 번은 그러셨다.

"지현 씨. 그 새벽까지 안 잔 거예요?"

"잤죠. 자다가 전화벨 울리니깐 깬 거죠."

"잠귀가 되게 밝은가 보다. 나는 해야 하나 말아야 하나 고민하다가 걸었다가 끊고 걸었다고 끊고 했는데."

"하하, 밤이고 새벽이고 전화하셔도 돼요. 급한 일이면 전화하셔야죠. 그래야 제가 해결해 드리죠."

"아이고 얼굴만큼 마음씨도 이쁘네."

이런 사연으로 어머님과는 좀 더 친해졌고, 그 뒤 어머님은 남편분 자동차보험과 두 딸의 종합보험을 나에게 가입해 주셨다.

당시 대학생이었고 어머니 편의점에서 아르바이트를 하던 딸이 결혼을 한다. 뱃속에 아기도 있다고 했다. 신혼여행 다녀오면 태아보험은 꼭 언니한테 들고 싶다고…. 3대가 나에게 보험을 가입하는 그런 일도 있구나.

"지현 씨, 우리 아버지가 혈압약 드시는데 보험 가입돼요?"

"아버지 나이가 어떻게 되세요?"

"68세요."

"그럼요. 가입 가능하죠. 실비도 가입되고, 진단금도 다 가입 가능하세요."

"언니, 우리 남편이 디스크가 있어서 보험 가입이 거절됐었거든요. 나이 먹으니깐 불안한데, 이거 이야기 안 하고 들면 안 돼요?"

"디스크 판정 언제 받았어요?"

"한 3~4년 됐어요."

"왜 이야기 안 하고 들어요? 큰일 날려고⋯. 고지해도 가입 가능해요."

"진짜요?"

"지현 씨, 우리 동생이 갑상선 약 먹는데, 보험 하나 가입하고 싶은가봐. 다른 데서는 자꾸 안 된다고 하는데, 혹시 가입할 수 있는 곳 없을까?"

"약 드신 지 얼마나 됐어요?"

"오래됐어. 아가씨 때부터 먹었으니깐, 한 6~7년 된 것 같은데."

"갑상선 약 먹어도 가입 가능해요."

한 달에 몇 번씩 받는 질문들이다. 예전에 보험 가입이 거절 났기 때문에 고객들은 당연히 지금도 가입이 안 되는 줄 알고 있다. 하지만 아니다. 보험은 진화하고, 보험 상품도 다양해지고, 요즘은 유병자들도 가입 가능한 상품들이 많이 생겨났다. 실제로 현재 암 환자 아니고 에이즈 환자 아니면 묻지도 따지지도 않고 가입 가능한 상품도 있다. 시대가 고령화되면서 고령층을 겨냥한 상품들도 많이 생겨났고, 유병자들을 위한 상품도 보험사에서 경쟁이 붙어서 조금 더 좋은 조건으로 가입이 가능하도록 보험 상품은 발전하고 있다. 이렇게 다양한 상품 속에서 고객은 선택만 하면 된다.

1년이 채 안 된 신입이나 10년 차인 설계사나 매월 똑같은 고민을 한다. 이번 달은 어디 가서 계약하나? 하고 말이다. 오래 일을 하다 보니 가망고객도 늘어나고 한 달 후, 1년 후, 3년 후 계약할 고객들이 줄을 서 있다.

왜 지금 보험 가입 안 하고 미뤄 놓지?라고 생각할 수 있는데, 지금 가입이 힘든 고객들이다. 보험회사가 바보가 아닌 이상 아픈 사람을 인수하지는 않는다. 정말 병원 한 번 다녀온 적 없는 사람은 이름과 주민등록번호만 넣으면 심사가 자동 통과가 되지만, 보험금을 받은 적이 있는 고객은 무조건 심사 대상이다. 보험금을 좀 많이 받은 고객은 심사도 쉽지가 않다. 한 번에 그냥 통과하긴 힘들고, 그 당시 진료기록지를 가지고 와라, 현재 상태 소견서를 받아와라 등 까다롭기만 하다. 서류를 낸다고 또 회사에서 바로 인수하는 건 아니다. 거기 아팠으니 거기만 빼고 보장해주겠다든지. 그 부위만 3년 동안 보장을 안 해주겠다든지 부담보라는 걸 건다. 부담보라도 걸려서 인수가 되면 다행인데, 어떤 경우에는 최근력이니 3년 지나고 검토하겠다, 아니면 보상 다발 건으로 검토 자체가 불가하니 인수거절을 내리는 경우도 있다.

원수사(한 회사 상품만 취급)에 있을 때는 거절 나면 꼼짝없이 가입할 상품이 없다. 하지만 대리점(모든 보험회사 상품 판매)으로 이직한 후 회사마다 인수지침이 조금씩 다르기 때문에 중대한 병이 아니고서는 조금만 수고를 한다면 한두 군데쯤 인수 가능한 회사를 찾기도 한다. 이렇게 고객들에게 가성비 좋은 상품을 권할 수 있는 게 대리점의 매력인 것 같다.

거절이 난 고객은 보험의 필요성을 절실하게 느끼니 가입해 주는 회사만 있으면 웃돈을 주고서라도 가입하고 싶어 한다. 신입 때는 거절한 고객들을 그냥 놓아버렸다. "이렇게 해서 가입이 안 됩니다, 죄송합니다." 하고 상담을 끝내버렸는데 가입 가능한 상품이 나오게 되면 그때 가입 못 시켰던 고객들이 생각이 났다. 그 뒤로 내가 작성한 게 거절 고객 리스트이다. 다이어리엔 거절이 된 고객들의 심사 가능한 날짜가 적혀있다. 대략 5년 동안 병원 다닌 이력이 없으면 가입 가능하기 때문에 5년 후가 될 수도 있고, 교통사고는 3개월 후, 최근에 병원 이력이 있는 사람들은 부담보 잡고 가입했다가도 부담보 기간이 지나고 나면 부담보 없이 가입한 상품이 있는지 다시 한 번 피드백을 해 준다. 이렇다 보니 거절 났던 고객들도 손을 쉽게 놓을 수 없다. 한 달이 걸리든 일년이 걸리든 나와는 계속 진행 중인 고객들이다. 보험회사에서 인수 심사가 유한 상품이 나오면 혹시나 하는 마음에 심사를 올려본다. 되면 좋은 거고 안 되면 기다리면 되는 거니깐….

그리고 상담을 하다 보면 당장 형편이 안 되어서 가입 못 하는 고객들도 있다. 그럼 고객들이 먼저 이야기한다.

"지금 들어가는 보험이 어릴 때 가입한 거라 2년 있으면 끝나니깐, 그때 하나 추가할게요." 또는

"연금 10년짜리가 올해 끝나는데 그때 연금 하나 다시 들게요."

그러면 상담이 끝나고 그걸 다 메모해 놓는다. 다이어리를 보고 있노라면 흐뭇하다. 다음 달 심사를 올려 볼 수 있는 고객이 있고, 내년 1월에는 암 완치 판정받은 지 5년이 되는 고객도 있다.

이러한 분들이 나에게는 더 오래 일할 수 있는 힘이 된다. 나는 내년에도, 5년 후에도 계약을 해 주실 고객님들이 있으니깐.

나를 시험에 들게 하는 고객

　아침에 출근해서 내가 가장 먼저 하는 일은 핸드폰 점검이다. 어제 퇴근 후부터 통화했던 사람, 카톡 주고받은 내용, 문자까지 쭉 한번 훑어본다. 그럼 어제 고객님과 전화통화하다가 알아봐주기로 했던 거, 출근해서 확인하고 연락드리기로 했던 거 등등 잊어버리지 않고 챙길 수 있기 때문이다. 수첩에 오늘 할 일 리스트를 쭉 적는다. 그리고 처리한 일들은 빨간 색연필로 줄을 그어 놓는다. 하루 만에 끝나는 일도 있지만 그렇지 않은 일들은 며칠이 지나도 빨간 색연필 구경도 못 하고 덩그러니 자리만 채우고 있다. 그걸 보면 내가 뭘 했는지, 뭘 해야 하는지 정리가 되어서 좋다. 그렇게 나는 하루 일들을 정리하고 메모하는 습관을 가지고 있다. 일을 하면서 모든 고객 분들을 다 만족시켜 드리고 싶지만, 나도 사람이고 몸이 한 개인지라 깜빡하기도 하고, 덜렁대기도 한다. 말씀은 안 하시지만 섭섭해하는 고객님들도 분명히 있을 것이다. 이런 나를 금융감독원에 민원을 넣었던 고객이 한 명 있었다. 지금까지 영업을 하면서 단 한 명. 그 사람을 생각하면 지금도 콧방귀가 나온다.

　친한 언니가 있었다. 이혼을 하고 딸아이 혼자 키우며 사는 열혈 육아맘이었고, 이분이 함께할 남자분을 소개해주셨다. 경기도에서 제조업체를 운영하는 분이셨고, 땅딸막한 키에 머리에는 기름이 좔좔 흐르는 복덕방 아저씨 같은 외모를 가진 분이셨다. 두 사람은 급격히 가까워졌고 둘 다 아픈 상처가 있었던지라 금세 한 집에서 생활을 하게 되었다. 고생 많이 했던 언니에게 새 보금자리가 생겨 많이 축하해줬고, 자주 함께 만나며 어울리게 되었다. 하지만 보면 볼수록 말하는 거나 행동이나 꼭 TV에 나올법한 사기꾼 같았다. 허풍은 어찌나 심한지 대동강 물도 갖다가 팔 사람 같았다. 그런 사람이 언니가 옆에서 자꾸 지현이 보험 하나 가입해 주라고 하니 버티고 버티다 5년쯤 됐을 땐 무슨 마음의 변화가 생겼는지 연락이 왔다.

"처제한테 가장 도움이 되는 상품 하나 해 줄 테니 내일 하나 뽑아가지고 사무실로 와."

반갑지는 않았다. 필요하지도 않은 사람이 이걸 가입해서 뭐 하나? 생각이 들었다. 다음날 청약서는 뽑지 않고 사무실로 커피 한잔 마시러 들렀다. 큰 제조업을 한다고 했지만 정작 주소를 들고 찾아간 곳은 작은 오피스텔 같은 사무실이었다. '사기꾼인가?' 고민하고 있는데 커피를 내오며 또 본인 자랑이 시작된다. 직원이 몇 명이고, 작년 매출이 80억이었고. 재작년에서 200억 가까이 올렸었는데, 작년에 좀 주춤했었다고….

"대표님! 필요한 보험이 뭐예요?"

"처제한테 도움이 되는 걸로 해줘."

"그런 게 어딨어요? 필요한 걸 하셔야죠."

"한 달에 100만 원 정도 되는 걸로 하나 가지고 와. 혜숙 씨가 처제 도와주라고 하니간 기왕 도와줄 거면 처제한테 도움이 되는 걸로 해."

"종신보험이 저한테는 제일 좋은데, 대표님 종신보험 많으시잖아요."

"그럼 종신보험 하나 해줘. 그런데 그거 상속인 지정할 수 있지?"

"그럼요. 누구로 하시게요?"

"혜숙 씨한테는 비밀로 하고 상속인을 아이들로 했으면 좋겠는데…"

아…. 대표님한테는 이혼 전 와이프와의 사이에서 낳은 큰 아들, 딸이 있다고 이야기 들은 적이 있다. 그 아이들은 엄마와 함께 지내는 걸로 알고 있었는데 아이들 앞으로 상속재원을 마련하고 싶으신가 보다.

그러면 이분한테 필요한 보험이니 그걸로 가입시켜 드려야겠다 하고 정리를 끝냈다. 사무실로 돌아와 주계약 5억에 납입기간 10년을 하니 200만 원 가까이 나왔다. 주계약을 줄일까요? 하고 여쭤보니 납입기간을 늘려달라고 하셨다. 납입기간을 20년으로 하니 보험료가 1,144,600원이 나왔다. 그 정도면 좋다고 하시고 아이들 이름과 주민번호를 알려주셨다. 그렇게 해서 그 계약은 성사되었다.

"대표님 감사합니다. 제가 작은 답례라도 하고 싶은데 필요한 거 있으면 말씀하세요."

"이번에 사무실이 이전을 하는데, 그럼 처제가 공기청정기 하나 사줘."

마치 생각해 뒀던 것처럼 한치의 망설임도 없이 공기청정기 이야기를 꺼내셨다.

공기 청정기라…. 못해도 50만 원은 할 텐데….

사 줄 수 있다. 하지만 보험 가입에 의해서 내가 제공하는 리베이트가 된다면 이건 문제가 될 수 있다. 우리가 첫 회 보험료를 대납하지 않는 것도 그런 이유에서이다.

고민해 보겠노라고 했지만, 이미 마음속으로 결정은 내렸다. 그래 사주자. 고객에게 가입의 대가로 주는 게 아니라 언니를 봐서 형부 사무실 이전했으니깐 선물 하나 한다고 생각하자 하고 마음을 먹었다. 주문을 하고 배송을 하려고 주소를 여쭤보니 또 뜨아 하게 만든다.

"처제 우리 사무실 방이 두 개야. 두 개 해 줄 수 있지?"

헉! 거절했어야 하는데, 지기 싫어서 쿨하게 해드리겠다고 하고 카드 결제를 했다.

두 번 다시 이 사람이랑 엮이지 말아야겠다고 결론짓고 공기청정기를 2대나 보냈다.

그리고 정확히 4달 뒤. 보험료 입금이 안 되었다. 전화를 드리고 문자를 보내고 백방으로 연락을 취했으나 연락을 피하는 것 같았다. 언니에게 조심스레 물어보니 싸웠다고 냉전 중이라고 한다. 계약이 실효되면 다음 달 급여에서 환수가 뜬다. 3개월만 유지된 계약이니 환수가 어마어마할 것이다. 그달이 지나고 다음 달에도 그 사람은 연락이 되지 않았고 철저하게 나를 피했다. 전화하면 곧 연락드리겠습니다. 하는 문자만 도착할 뿐 실제로 연락이 오지는 않았다. 계약은 그렇게 실효가 됐고 환수는 불가피한 상황이었다. 그런데 비 내리는 어느 날 내 눈을 의심할 만한 일이 생겼다. 사무실에서 일을 하고 있는데 전화가 왔다. 발신인이 그 대표님이다.

'칫! 내가 전화할 때는 그렇게 안 받더니 웬일이래?'

시큰둥하게 전화를 받았는데, 만나서 의논할 일이 있다고 하셨다. 그럼 사무실 근처로 오시라고 했고 근처 커피숍에서 몇 달 만에 마주 앉았다.

그동안 일이 바빠서 연락을 못 했다. 보험료는 깜빡했다. 오늘 당장 입금하겠다. 처제한테 피해를 줬다면 미안하다. 그리고 나를 좀 도와줬으면 좋겠다. 내용은 이러했다.

몇 년 전 은행에 가입한 저축상품이 있는데, 본인은 너무 억울하다는 것이다. 그때 직원이 원금 보장되고, 확정이율이라고 분명히 이야기했는데 지금 5년 만기가 되어서 보니 터무니없는 금액이라는 것이다. 서류를 꼼꼼히도 준비해 왔다.

"중간에 중도인출하셨네요. 그럼 보장금액은 줄어들 수밖에 없어요."

은행직원이 중도인출해도 된다고 했고, 원금 보장된다고 했기 때문에 사업이 힘들어도 쉬었다가 돈이 좀 돌아가면 냈다고 한다. 원금 보장이 안 될 거면 이걸 뭐 하러 유지했겠냐 하면서 본인의 억울함을 하소연하셨다. 그리고 금융감독원에 민원을 넣고 싶은데, 도와줄 수 있냐고 하셨다.

억지도 이런 억지가 없다. 상식적으로 말이 안 되는 걸 본인은 그리 알고 있었다고 이야기하신다. 보험 약관은 작성자 불이익의 원칙에 따라 애매모호한 문구는 고객이 이해하기 나름이다. 보험회사가 '아'라고 적어놨어도 고객이 '어'라고 이해했고 몇몇의 사람들이 다시 읽어보니 '어'라고 생각할 수도 있겠네라고 하면 이건 고객이 이긴 게임이다. 알았노라고 한번 해 보겠지만, 기대는 하지 마시라고 하고 서류를 받아왔다. 헤어지는데 한마디 하신다.

"처제. 보험료는 지금 밀린 거 다 입금할게."

사무실로 돌아와 가상 계좌를 문자로 발송하니 이번 달 보험료까지 밀린 보험료 3회분을 한 번에 입금하셨다. 쓴웃음이 나왔다. 이걸 유지하는 조건으로 나에게 도움을 청한 것인가? 고객의 보안이 또 생명인지라 언니한테는 이야기 안 했지만 보면 볼수록 미스터리 한 인물임에는 틀림없었다. 며칠 고민 끝에 지점장님의 도움을 받아 서류를 작성하고 자료를 첨부해서 금감원으로 접수를 해 드렸고, 두 달 후 금감원은 고객 손을 들어줬다. 중도인출하고 남은 만기환급금이 아니라 5년 치 기납입보험료를 전부 돌려받은 것이다. 고맙다고 인사라도 할 법한데, 결과를 알려드리니 잘될 줄 알고 있었다고. 알고 보니 친구가 금감원에 있었더라는 것이다. 그래서 본인이 힘 좀 썼다고…. 아이고~ 이럴 줄 알았음 본인이 하시지 뭐 하러 날 고생시키셨을까? 또 한숨이 나왔다.

계약 후 15개월째.

또 보험료 입금이 안 되었다. 연락을 드렸으나 또 전화를 피하신다. 한번 겪었던지라 이제는 이런 사람이구나 하고 포기를 하고 있는데 금감원으로 민원이 접수되었다고 한다. 그 대표님이시다.

내용을 읽어보니 어이가 없었다. 본인은 종신보험인 줄 몰랐다. 원금 보장이 된다고 들었으나 지금 확인해보니 그런 상품이 아니라 본인이 기망당한 것 같다. 지금까지 납입했던 14개월 치 보험료를 돌려달라는 내용이었다. 정확히 몇 달 전 내가 은행으로 대리접수해 줬던 내용과 일치했다. 민원을 받는 상대만 은행에서 김지현으로 바뀌었을 뿐 내용은 크게 달라진 게 없었다. 손이 부르르 떨렸다. 영업 8년 만에 이런 일도 있구나 하고 전화를 드렸으나 전화를 피한다.

그리고 철저하게 서류를 준비했다. 모집 경위서를 꼼꼼하게 작성해서 서류를 넣었다.

이 사람은 금감원 민원 다발자입니다. 정확히 알고 가입했고, 그동안의 카톡 내용, 문자 내용 계약 내용 변경 사항등…. 나는 이러한 사실을 인정하지 못하니 금감원에서 현명한 판단을 내려주길 바란다고 대응했다.

그 대표님은 결정적으로 실수하신 게 있다. 상속인을 아들과 딸로 지정해서 가입했던 보험은 종신보험임을 본인이 인지한 것이다. 대부분이 법정상속인으로 그냥 가입하지 특이한 경우가 아니고서는 지정을 해두진 않는다. 첫째, 법정상속인을 지정한 것은 본인에게 불리하게 작용했고. 종신보험의 목적 또한 알고 있었다. 이후 이 보험금이 어떻게 쓰일지 알고 있었다. 둘째, 이분은 중간에 나 모르게 콜센터로 전화해서 수익자를 다른 사람으로 또 한 번 변경을 했다. 입금이 안 되어서 전산으로 계약을 열어보니 수익자가 2명이 아니라 3명이다. 앗! 언제 변경하셨지? 수익자를 변경하려면 본인이 등본을 제출하고 변경했을 것이다.

수익자를 한 명 더 추가함으로써 본인은 이 보험의 의미를 정확히 알고 가입한 꼴이 된 것이다.

그 뒤 금감원은 나의 손을 들어줬다.

　우리 일은 본인의 인맥만 가지고 하는 일이 아니다. 흔히들 발이 넓거나 말을 잘해야지 영업을 잘할 수 있다고 생각하지만 그건 오산이다. 내성적인 성격에 천안에 연고지가 있는 것도 아니고 내가 영업을 이리 오래 할 거라고는 생각하지 않았다.

　고향 친구, 초, 중, 고, 대학 동창, 전 직장동료 여기까지가 1차 인맥이고, 남자들은 군대 선임, 후임도 가까운 인맥에 속할 것이다. 친구라도 똑같은 우정의 깊이가 아니듯이 무조건 믿고 보는 친구가 있는 반면 살짝 거리감을 두는 친구도 있을 것이다. 같은 형제 중에서도 유독 친한 자매가 있을 것이고 꼴도 보기 싫은 형제가 있을 수도 있는 일이다. 이렇듯 우리는 1차 인맥에서 친밀도를 따지지 않고 나열한다면 100~200명은 될 것이다. 보험회사에서 한 사람 뒤에 200명의 소개자가 있다는 말을 한다. 한 사람이 200명 정도는 1년에 한 번쯤은 연락을 하고 지낸다는 말이다. 내 인맥으로는 한계가 있고, 그들로부터 소개가 나오고 새로운 계약이 창출되어야지만 내가 오래 일할 수 있는 원동력이 생긴다.

　대학 친구 중에 현주라는 친구가 있는데, 울산에서 음식점을 한다. 현주와 현주 남편 증권을 봤을 때 손댈 게 하나도 없었다. 실비며, 진단금, 운전자 보험까지 완벽하게 준비되어 있었고, 해지하지 말고 유지 잘하라고 했다. 친구는 그런 내게 동생을 소개해줬다. 그 당시 상민이는 보험 하나 없었고, 누나 친구니깐 믿고 보험을 하나 가입해줬다. 그 일을 계기로 현주가 가게를 시작했을 때 화재보험을 받았고, 상민이가 건물을 샀을 때 건물 화재보험과 2호점 계약도 내가 받았다. 경주에서 지진이 났을 때 현주는 부모님 댁 화재보험을 가입했고, 그러던 중 상민이가 결혼을 하고 태아보험도 나에게 소개가 들어왔다. 내가 꾸준히 일만 하고 있다면 기회는 항상 오는 것 같다.

　처음 일을 시작하고 손위 형님께 보험 일을 한다고 했더니 연년생 아이들 실비가 없다고 하나씩 뽑아달라고 하셨다. 그날 청약서를 뽑아서 갔고 교육에서 배운 대로 설명을 했더니 사인을 해주셨다. 그때 어린이 보험은 30세가 만기였고 보험료도 25,000원, 30,000원 정도 할 때였다. 그날 형님네 집에 대전에 사는 여동생이 놀러 와 있었는데, 윤진 씨는 형님네 집 행사가 있을 때 두어 번 본 적이 있었다. 선한 얼굴을 하고 똑 부러지는 성격에 말도 이쁘게 잘했다. 언니네 집에 딸아이를 데리고 놀러 온 듯했다. 옆에서 설명을 듣고 있더니 그 집 딸아이 것도 하나 해 달라고 했다. 전문용어로 이런 걸 일타삼피라고 한다. 뭘 해도 되는 날이구나 싶어 어깨에 힘 잔뜩 넣고 사무실로 들어와 청약서를 출력해서 또 사인을 받으러 갔다. 청약서 사인받으러 나간 신입이 또 계약을 물어왔으니 큰 계약이 아니더라도 팀장님이며 매니저며 지점장님까지 칭찬을 많이 해 주셨다. 그렇게 하루에 계약을 3개씩이나 넣었으니 밥 안 먹어도 배부른 날이었다.

　그 일이 있고 며칠 뒤 대전으로 내려간 윤진 씨한테서 연락이 왔다.

　"언니, 지유가 가입한 거 저랑 남편도 가입할 수 있어요?"

　"그럼요. 어른도 가입 가능하죠."

　"그럼 저랑 지유 아빠 것도 금액 한번 알아봐 주세요."

　그렇게 그 집 가족계약을 다 받았고, 며칠 뒤 또 전화가 왔다.

　"언니, 실비보험 가입하고 싶어 하는 언니가 있는데, 전화 한번 해 주실래요?"

윤진 씨는 친한 언니를 소개해줬고.

"언니, 지유 아빠 회사 친구인데. 저희가 부부동반 모임을 자주 하거든요. 이 언니한테 전화 한번 해보세요."

윤진 씨는 또 한 번 친한 가족을 소개해 줘서 갓 일을 시작한 나한테 많은 도움이 되었다. 형님 역시 남동생과 친정어머님까지 소개해 줘서 나는 형님네 가족들을 거의 다 고객으로 두게 되었다.

윤진 씨는 대전에서 많은 지인들을 소개해 줬고 그렇게 알게 된 언니가 아원 언니랑 유정 씨였고 유정 씨는 분당에 사는 정원 언니를 소개해줬다. 정원 언니를 만나러 자주 분당을 갔다. 실비보험 가입하고 나서 얼마 뒤 운전자 보험을 가입하고, 그 뒤 종신보험을 가입했고, 얼마 뒤 연금까지 가입했다. 그리고 저축보험도 가입했다. 감사한 일이었고, 결혼하고 임신을 해서 태아보험까지 가입해 주었다. 형님을 시작으로 대전, 분당까지 나의 고객들이 전국에 하나둘 늘어나고 있었다.

나는 3남매 중 둘째이다. 위로 언니가 있고 한 살 어린 남동생이 있다. 언니는 시누이랑 친자매처럼 자주 어울렸다. 내가 가끔 부산을 가면 언니는 시누이를 자주 만났고 서로 모르는 사이도 아니고 언니 덕분에 얼굴 볼 일이 많았다. 보험을 갓 시작한 나에게 시누이는 아들 보험을 들어줬다. 10년 동안 보험금 청구를 한 번도 한 적이 없는 건강한 아들이다. 그렇게 인연이 되어 언니 시누이는 동서 부부를 소개해 줬는데. 이 계약도 조금 웃긴 에피소드가 있다. 어느 날 전화가 왔다.

"이모. 소영이 고모인데요. 대리점이랑 파는 상품이 같아요?"

"회사가 같으면 비슷하죠. 왜요?"

"아니 우리 동서가 M사에 보험 가입하려고 견적을 받아뒀는데, 이모가 이거 똑같이 할 수 있나 해봐요. 가격이 똑같으면 이왕이면 아는 사람한테 하는 게 낫지."

정말 굴러들어온 계약이었다. 설계서를 팩스로 받았고, 설계해 보니 10원 하나 오차 없이 금액이 딱 맞아떨어진다. 그리하여 주말에 부산에 내려가 그 집 계약을 받게 되었다. 그렇게 언니 사돈댁까지 나의 영역은 점점 넓어져갔고 정말 제주도라도 갈 수 있을 것 같았다.

예준이 어린이집 친구 중에 장지현이라는 친구가 있다. 어린이집도 같이 다녔고 유치원도 같이 다니고 있다. 남자친구이지만 나와 이름이 같아서 일단 좋았다. 그 집도 나의 고객이 되어 지현이 엄마는 시어머니도 소개해주시고, 시동생도 소개해줬다. 그리고 시아버님 댁 화재보험도 만기가 되어 가입했고, 서울에 사는 큰 고모도 소개해줬다. 나의 인맥으로는 영업에 한계가 있다. 그래서 우리는 소개를 받아야 하고, 그 소개를 통해 시장을 넓혀가야 하는 것이다.

지금까지 일을 하면서 가장 많은 고객이 파생된 건 부산에 사는 친구로부터였다.

중학교 친구 중에 은영이라는 절친이 있었다. 졸업한 초등학교는 달랐지만, 집이 뛰어가면 1분 거리였고 매일 등하교를 같이 하면서 중학교 시절 아주 친하게 지냈다. 졸업 후에서 종종 안부를 물었고 불쑥 전화해도 하나도 불편하지 않은 그런 친구였다. 수다스럽진 않지만, 맞장구를 잘 쳐주고 무던한 성격이라 믿고 보는 친구였다. 결혼 후 소식은 뜸했지만 언제든지 연락할 수 있는 친구였는데, 이 친구를 어느 날 친정집 근처에서 우연히 만나던 날이었다. 길거리에 서서 밀린 수다를 떨다가 내가 보험회사에서 일한다는 걸 알게 됐고, 마침 친구도 실비보험을 가입하려고 여기저기 알아보고 있는 중이라고 했다. 나도 한번 알아봐 주겠노라 약속을 하고 천안으로 와서 하루 꼬박 설계를 했다. 이 담보는 꼭 필요해. 이건 있으면 좋고, 이건 없어도 괜찮을 것 같아. 이 담보는 있으면 좋긴 한데 좀 비싸네. 이렇게 저렇게 우리 가족 보험 설계하듯 고심 끝에 설계를 끝내고 은영이와 통화를 하니 금액과 담보에 흡족해하며 사인하겠노라고 한다. 주말에 부산을 방문하겠노라 하고 4인 가족 계약을 받아냈다. 그 뒤 은영이는 셋째를 가져 태아보험까지 가입해 주었다.

그렇게 은영이 가족을 시작으로 은영이는 소개를 많이도 해줬다. 친정엄마 계약을 먼저 받았고, 큰아이 학부모 모임을 같이하던 혜정 언니를 소개해줬다. 유치원 선생님인 혜정 언니도 가족분들 계약을 다 하고 지인인 은화 언니를 소개해줬다. 성격이 쿨한 은화 언니는 내가 처음으로 고객이지만 술 한잔 하고 싶다고 생각했던 언니이다. 아직 한잔 하는 역사는 못 이뤘지만 언젠가는 한번 하지 않을까 싶다. 고객이 된 은화 언니는 직장 동생인 지은 씨도 소개해 줬고 지은 씨도 가지고 있던 보험을 해지하기엔 아까워서 줄일 건 줄이고 리모델링해서 나의 고객이 되었다. 목소리에 애교가 넘치는 지은 씨와 인연이 되어 지은 씨는 서울에 사는 형님인 선이 씨를 소개해 줬고 임신 중이던 선이 씨는 친정 언니 육영 씨를 소개해줬다. 육영 씨는 시골에 사시는 시아버님이 연세도 많으신데 보험이 하나도 없어서 실비만이라도 가입하고 싶어 하셨다. 여기저기 가입 가능한 곳을 알아보고 아주 건강하셨던 아버님을 건강검진 받고 보험 가입시키기 성공!

한 사람으로 인해 이렇게 많은 사람들과 꼬리에 꼬리를 물고 계약이 진행되었다.

여기 오기까지 10년이라는 세월 동안 나 혼자였다면 힘들었을 것이고, 중간에 그만뒀을 수도 있다. 하지만 이렇게 소개해 주시는 고객분들이 있어서 오늘도 일하고, 다음 달에도 일하고, 내년에도 내가 일을 할 수 있는 것이다.

　보험은 이직률이 높은 직종 중에 하나다. 쉽게 시작했다가 돈이 되지 않으면 그만두는 사람들을 많이 봤다. 1년에 10명이 입사를 하면 7~8명은 1년 안에 퇴사할 정도로 정착이 힘든 곳이다. 그게 직장동료들 때문에 힘든 게 아니라 나를 찾아주는 고객이 없어서, 계약할 곳이 없어서 심적으로 힘드니 그만두게 되는 것이다.

　사람을 만났을 때 순간만 진심이지 마라. 계약할 때는 간이며 쓸개며 다 빼줄 듯하고 계약하고 나면 연락 안 되는 게 계약 받아 간 설계사라고 한다. 고객이든 고객이 아니든 그 사람들로부터 나의 가치를 인정받고, 저 설계사는 다른 설계사와 다르구나라고 차별화되었을 때 롱런할 수 있는 것이다.

　그렇게 인정받고 나는 이곳에 서서 뿌리 깊은 나무처럼 나의 일만 묵묵히 한다면 고객은 언제든지 나를 찾아올 것이라 믿는다.

일을 시작하고 나에게는 많은 언니 동생들이 생겼다. 일을 하면서 알게 된 사람들이지만 지금은 가족같이 편한 사람들이다.

점심 먹으러 나가는 길에 전화벨이 울린다. 미용실을 하는 영애 언니다.

"언제 와?"

"왜요? 언니 무슨 일 있어요?"

"아니~ 주말에 시골 갔다가 감말랭이 좀 가져왔는데 예원이 이거 좋아하잖아. 가게 가져다 놨으니깐 있다가 시간 나면 들러."

"네. 언니 점심 먹고 갈게요."

집에서는 5분, 회사에서는 10분 거리에서 영애 언니는 미용실을 한다. 처음 언니를 만나건 보험하기 전이었다. 집 근처에서 가게를 하던 시누이는 102호, 언니는 104호 미용실 원장님이었다. 한 번도 그곳에서 머리를 하진 않았지만, 시누이 가게를 오가며 가벼운 인사를 하는 정도였다. 결혼 전 전지현 머릿결 저리 가라 할 정도로 찰랑거리던 머리카락이었는데, 보험 일을 시작하고 보험 아줌마스럽게 한 달에 한 번씩 머리를 단발로 파마했다가 풀었다가 하면서 머리는 상할 대로 상해 있어서 감당이 안 되었다. 전국에 체인점을 둘 정도로 큰 미용실이었는데 나랑은 안 맞았나 보다. 디자이너 선생님이 영양을 넣어서 해 줘도 머릿결은 되살아나지 않았다. 도저히 안 되겠다 싶어 미용실을 바꾸어서 간 게 '이쁘지 미용실'이었다. 언니는 내 머리 상태를 보더니 아무것도 하지 말라고 했다. 파마도 매직도 아무것도 하지 말고 좀 더 있다가 머리를 하러 오라고 했다. 지금까지 다녔던 미용실은 한번 가면 이거 해라, 저거 해라, 이것도 추가해보라 권하기만 했는데, 아무것도 하지 말라고 하니 좀 실망했지만 믿음이 갔다. 그리고 다음번 방문 때 나는 마음에 쏙 드는 머리를 할 수 있었고, 그 뒤로 언니네 집 단골이 되어 미용실이 이전할 때마다 믿고 언니를 찾았다. 지금도 내 머리 상태나 내가 원하는 스타일을 가장 잘 아는 원장님이 바로 영애 언니일 것이다.

처음 본 언니는 무뚝뚝해 보이는 외모에 서비스업에 종사하는 사람답지 않게 세 보였다. 가게 문을 열고 들어갔는데, 웃음기 없는 얼굴에,

"앉으세요."

이 한마디가 다였다.

요즘도 가끔 언니랑 첫인상에 대해 이야기를 한다.

"처음 만났을 때 자기가 무뚝뚝해 보여서 좀 그랬는데…."

"언니도 손님들한테 친절하진 않았죠~."

언니는 예나 지금이나 한결같다. 과하게 친절하게 해서 처음 보는 사람들을 불편하게 하지 않는다. 나 역시 말을 하지 않으면 차가운 이미지라 처음 본 사람들은 싹수없어 보였다고 지나고 나서 이야기를 한다. 우린 그런 점이 통했던 것 같다. 말하지 않으면 다른 사람들은 차갑게 보지만, 오히려 난 이것저것 물어보지 않아서 더 편하고 좋았다.

카톡!

'지현아, 새해 복 많이 받고, 항상 건강하고, 바라는 일 모두 다 이루길 바라^^.'

운전 중이라 답장을 할 수 없어 전화를 건다.

"지현아~"

"언니~ 톡 받았어요. 고마워요. 에공~ 내가 먼저 연락해야 하는데, 언니한테 인사를 먼저 받네요."

"그래! 이것아, 이 언니가 먼저 연락해야겠니?"

"죄송해요. 가게는 어때요? 장사 잘돼요?"

"경기가 어렵다고 하는데, 우리는 괜찮은 것 같아. 언니 음식 솜씨가 좋잖니? 단골도 좀 생기고…. 형부가 저녁에 도와주고 하니깐, 입소문도 나고 해서 잘되는 편이야."

"다행이네요. 애들은요? 연제랑 동휘도 잘 지내죠?"

"걔네들이야 이제 다 객지 생활하지. 학교 기숙사에 있으니깐, 주말에만 다녀가는 거지. 연제 이번에 도에서 장학생으로 선발되어서 유럽 가잖아."

"우와~ 언니 축하해요. 잘됐네. 잘됐어. 언니는 안 먹어도 배부르겠네."

소소한 일상 이야기이다. 음식 솜씨가 뛰어난 살림꾼이었던 정선 언니는 천안 생활을 접고 몇 년 전 귀농을 했다. 보은에서 된장, 고추장을 온라인을 통해 판매를 하고 얼마 전 보쌈집 사장님이 된 숨겨진 장인이다. 언니는 현모양처였다. 물론 내가 보기엔 지금도 그 이름에 걸맞게 손색이 없다. 아이들도 바른 인성으로 잘 키웠고, 형부 역시 재치 넘치는 유머로 가끔 우릴 웃겨주셨다. 신혼이었던 내게 언니네 가족은 닮고 싶은 가족이었다. 그런 언니가 천안을 떠나 보은으로 이사 간다고 했을 때 많이도 서운했었다. 언니가 이사 가는 날 나는 김밥을 쌌다. 물론 언니 솜씨만큼은 아니었지만, 가는 차 안에서 먹으라고 손수 김밥을 싸서 언니네를 배웅했다. 그게 마지막일 것 같았지만, 우리는 종종 만났고, 자주 서로의 안부를 물었고, 시골 밥상 잔뜩 차려 놓고 나를 보은으로 불렀던 날도 있었다. 이런 정선 언니를 어찌 사랑하지 않을 수 있을까?

우리 집은 1204호. 나에게는 이쁜 동생들이 둘이나 있다. 1103호 옥선이, 1104호 진옥이.

같은 동 같은 라인 아래 위층에 살지만, 이사 오기 전부터 알고 지내던 사이다. 진옥이는 큰아이 어린이집 다닐 때부터 알고 지내던 사이였고, 전셋집 살다가 비슷한 시기에 집을 사서 이사 왔는데 우리가 윗집 진옥이네가 아랫집이 되었다. 옥선이 역시 아이들과 같은 유치원을 다니면서 이사 오기 전부터 인사는 하고 지내는 정도였는데 이사 오고 만날 일이 많아졌다. 6살에서 12살까지 아이들도 다 비슷한 또래이고 셋 다 맞벌이면서 우리의 가장 큰 공집합은 남편들이 바쁘다는 것이다. 옥선이 신랑은 해외출장이 많았고, 진옥이 신랑도 새벽에 일찍 출근하고 저녁에 늦게 퇴근하고, 토, 일 없이 일하는 남편들 덕분에 우리는 자칭 '동네 과부'로 남편 없이 아이들과 함께하는 날들이 많았다. 셋 다 알코올을 좋아한다는 공통점도 있었다. 우리는 그렇게 친해졌다. 금요일 저녁이면 아이들끼리는 1204호에서 게임을 하거나 영화를 보고 우리는 1103호에서 하하 호호 웃으며 무슨 이야기를 해도 즐겁기만 했다.

퇴근하고 어디야? 잠깐 얼굴 볼까? 계맥(계단맥주) 하면 언제나 콜! 을 외치는 그녀들. 맥주 한 캔씩 들고 나와 계단에 서서 수다를 떨고, 더운 여름날에는 11층 12층 중간에 돗자리를 깔고 앉아 계맥을 즐기기도 했다.

그렇게 모여 놀던 어떤 날에 어차피 남편들은 바빠서 가고 싶어도 못 가니 우리끼리 제주도를 다녀오자고 해서, 덜컥 제주도 표를 끊어 아이들과 다녀온 적이 있다. 그때도 2박 3일 정말 신나게 놀고, 배부르게 먹다가 왔다. 주변 사람들이 들으면 참 이상한 조합이다? 하고 생각할 수도 있는데, 이렇게 편하고 허물없이 지내는 이웃들이 있어 좋다. 내가 바쁘면 먼저 퇴근한 진옥이가 아이들 저녁도 해결해주고, 애들 아빠 올 때까지 돌봐준 적도 많았다.

어느 날 카톡을 하다가 카톡 프로필 사진을 보고 예원이 레고 선생님이 말했다.

'예원 어머니! 좋으시겠어요. 제주도도 다녀오시고.'

'아니에요. 동네 과부들끼리 애들 데리고 다녀온 건데요. 뭐 ㅠㅠ'

'아ㅠㅠ 몰랐어요. 예원이가 너무 밝아서 아버님 안 계신 줄… 죄송해요.'

'ㅎㅎㅎ 선생님 아니에요. 다들 아빠가 바빠서 아빠 빼고 다녀온 거예요.'

그 뒤로 동네 과부라는 소릴 안 한다. 정말 오해할까 봐.

오후에 급하게 연락이 와서 남편과 부산 상갓집을 가야 할 일이 생겼다. 아이들만 두고 가기 불안해서 어머님께 부탁을 하려고 했더니 예원이가 할머니 안 오셔도 된다고 동생이랑 안 싸우고 잘 있을 수 있다고 했다. 다음날 학교도 가야 하니 내일 아침 첫차를 타고 오겠다고 약속하고 부산을 다녀온 적이 있다. 그날도 애들을 챙겨준 건 진옥이였다. 내가 일을 하면서 가족들 다음으로 가장 많은 도움을 준 건 진옥이인 것 같다.

옥선이는 시어머니가 아이들을 봐주시다가 최근에는 친정어머니가 아이들을 봐 주시는데, 동네 패션리더인 어머니는 손맛도 좋으시다. 퇴근해서 저녁 준비를 할라치면 '띵동' 하며 올라오셔서 잡채도 주시고, 손수 만드신 약밥도 주시고, 김밥도 주셔서 저녁 한 끼를 해결할 수 있게 해 주셨다. 딸같이 생각하셔서인지 음식을 하면 앞집 윗집 나눠주셔서 마음이 넉넉해질 때가 많았다. 그래서 나도 엘리베이터에서 만나면 들고 있는 과일도 나눠드리고, 별거 아니지만 애들 간식이라며 산 과자도 하나둘씩 들려 보낸다. 농사지었다고 고객들이 보내준 감자나 고구마는 친한 엄마들 몇 집 나눠 먹기도 한다. 요즘 주변에 신축 아파트들이 많이 생겨 새집으로 이사 가고 싶은데, 이런 우리 아파트가 정이 들어서 섣불리 이사 계획을 세우기가 쉽지 않다.

천안에서 12년 차 주부로, 직장맘으로 살다 보니 여기에서 가족이 된 사람들이 많다. 친언니보다 나의 이야기를 더 잘 들어주고, 나의 기분을 먼저 읽어주고, 먹을 거 하나 챙겨주는 언니들, 동생들이 있어 천안이 좋다. 하늘 아래 가장 편한 도시 천안….

제 **4** 장

함께하는 사람들

지점장님

　퇴근길.

　한겨울에 수박이 먹고 싶다는 아들에게 수박은 더운 여름에 나는 과일이니 귤이나 사가지고 가자고 설득해서 집 앞 과일 집에 들렀다.

　"귤 만 원어치만 주세요."

　아주머니가 펼쳐 놓은 상자에서 귤을 꺼내 까만 봉투에 담아주신다. 고개를 돌려보니 투명 냉장고 속에 방울토마토, 딸기, 체리가 눈에 들어온다. 어라? 맨 아래쪽엔 수박도 있다. 너무 반가운 나머지 말했다.

　"예준아 수박! 겨울인데, 수박이 있네."

　"그것 봐~ 내가 수박 먹고 싶다고 했잖아."

　수박 위에 붙은 가격표를 보니 3만 원이다. 짙은 초록색을 띤 수박은 틀림없이 맛이 없을 거라는 생각이 들었다.

　"사장님, 요즘 수박 맛있어요?"

　"그럼요. 요즘은 하우스에서 키우니깐 과일은 다 맛있죠."

　마음 넉넉한 과일 집 사장님 말을 뒤로하고

　"예준아. 오늘은 귤 샀으니깐 귤 먹고, 이거 다 먹으면 그때 수박 사줄게."

　하고 과일 집을 나왔다. 아들 손을 잡고 집으로 걸어가는 길에 그분이 생각났다.

　무더운 여름날 저녁 7시가 넘도록 해가 지지 않아 놀이터에는 노는 아이들이 많았다. 퇴근 후 어린이집에서 예원이를 데리고 와 집에도 들어가지 않고, 벤치에 앉아 노는 걸 지켜보고 있었다. 전화벨이 울렸다.

"지점장님."

"김지현 TC님, 퇴근하셨죠? 어디세요?"

"저희 집 앞이요. 왜요?"

"아~ 잘됐네요. 지나가는 길에 생각나서요. 얼굴 잠시 뵐 수 있을까요?"

"왜요? 무슨 일 있으세요?"

"그냥요. 아무 일도 없어요. 그냥 얼굴만 잠시 봬요. 금방 갈게요."

전화를 끊고 나니 궁금해졌다. 무슨 일이지? 우리 집 앞까지 다 오시고…. 우리 집은 어떻게 아셨을까? 가가호호 방문도 아니고 호구조사하셨나?

조금 있으니 놀이터 앞으로 지점장님 차가 도착했다. 차 쪽으로 다가가니 조수석에서 수박을 한 통 꺼내 주신다.

"이 근처 왔다가 생각나서요. 날도 더운데 가족들이랑 오늘 저녁 수박 나눠드시고, 힘내세요!!"

"진짜 이거 주러 오신 거예요?"

"네! 지나가다가 TC님 생각나서 요 앞에서 샀어요."

"진짜요?"

"네! 진짜요. 사무실 식구들한테는 비밀입니다."

하고는 횅하니 가버렸다.

가고 나서 생각하니 고맙다는 인사도 제대로 못 했다. 문자로 고맙게 잘 먹겠다는 인사를 했지만, 미스터리 했다. 왜 나만? 내가 일 잘하는 직원도 아니고, 신입인 나한테 왜 이 저녁에 수박을 사주고 가셨을까? 다른 사람들한테는 말하지 말라고 하니, 다른 직원들한테 너도 받았냐고? 물어볼 수도 없었다. 그렇게 수박을 받고 며칠 뒤 사실을 알게 되었다. 지점장님은 그날 나뿐만 아니라 지점 모든 사람들을 찾아다니며 수박을 직접 배달하셨다는 것을. 지점에서 퇴근할 때 하나씩 가져가라고 할 법도 한데, 별거 아닌 수박 한 통이었지만 직원들을 생각하는 그분 마음을 알 수 있었다. 그 일이 있고 나서 지점장님이 달라 보였다. 뭘 해도 이뻐 보이고, 뭘 해도 도와드리고 싶었다.

이기은 지점장님.

내가 보험 일을 처음 시작할 때 우리 지점 지점장님이셨고, 내가 매니저가 되고 나서 처음 모셨던 지점장님이셨다. 나이는 20대 후반이었지만 나보다 2년이나 보험 밥을 더 많이 먹은 선배답게 지점을 순탄하게 잘 이끌어 나가셨다. 내가 출산 휴가 간 사이 발령이 나서 대전으로 가 버렸지만 본사 교육이 있거나, 워크숍이 있을 때 종종 뵐 수 있었다.

내가 입사하고 얼마 지나지 않아 천안 TC 지점은 전국에서도 잘 나가는 지점이 되었다. 3년 동안 지점 분할을 두 번이나 했고, 리쿠르팅도 잘된 만큼 업적도 많이 늘어 지점장님은 여기저기 성공사례 발표하러 다니시고, 상 받으러 다니시기 바빴다. 그런 지점장님이 거머쥐는 상은 우리의 결과물이었고, 지점장이 최연소 센터장으로 대전으로 발령받아 갔을 때 떠나보낸다는 섭섭함도 있었지만, 그분의 앞길이 탄탄대로라서 누구보다 축하하며 인사를 할 수 있었다.

센터장님이 대전으로 가고 1년쯤 지났을 무렵 토요일 아침 대전에 계신 매니저님으로부터 전화가 왔다.

"지현아. 그 소식 들었어? 이기은 센터장님 어제 회식하고 귀가하다가 교통사고 나서 중환자실에 계시대. 상태가 많이 안 좋은가 봐. 장 파열이 심해서 수술도 못 하고 있다던데…"

아무 말도 못 하고 눈물이 흘렀다. 손이 떨렸다.

지점장님께 카톡을 보냈다.

'센터장님, 소식 들었어요 ㅠㅠ 그래도 괜찮으신 거죠? 얼른 쾌차하셔요. 다음 주에 병문안 한번 갈게요.'

오후에 보니 카톡을 확인하셨는지 1 숫자 메시지가 사라졌다. 좀 괜찮아지셨나 보다 해서 장난 섞인 말투로

'살아나셨어요? 톡 읽고도 씹으시네.'

라고 보냈는데. 바로 답장이 온다.

'저 기은이 오빠 와이프에요. 오빠가 아직 의식이 없어요.'

아차! 싶었다.

'죄송해요. 센터장님은 좀 어때요?'

'병원에서는 지금 장기가 많이 부어서 수술이 힘들다고 하는데, 월요일쯤 되어봐야 알 것 같아요. 깨어나면 소식 전할게요.'

주말 내내 신경은 병원에 가 있었다. 그렇게 주말이 지나고 출근하자마자 센터장님과 함께 근무했던 직원들은 술렁술렁 종일 일이 손에 잡히지 않았다. 틈틈이 대전에서 들어오는 소식은 없는지 확인을 했다. 퇴근 시간 무렵 사무실 전화가 울렸다. 느낌이 좋지 않았다.

"천안 TC 지점 김지현입니다."

"지현아. 지현아. 어떡하면 좋으니…"

상대방은 아무 말도 하지 않았는데, 수화기 넘어 어떤 소식이 전해 올지 느껴졌다.

수화기를 들고 하염없이 우는 나를 보고 다른 직원들도 직감했을 것이다. 내가 아무 말 하지 않아도 그분이 하늘나라로 가셨다는 것을.

그날 저녁 직원들과 함께 장례식장을 찾았다. 이제 돌 지난 딸은 장례식장을 뛰어다니고, 어머니는 정신줄을 놓았다 차리기를 여러 번. 넋

나간 사람처럼 앉아 있던 미망인. 센터장님을 친동생처럼 아껴 주셨던 본부장님이 상주 자리를 지키고 있었다.

그 장면이 가끔 흑백영화처럼 생각난다. 어쩜 이렇게 허무하게 가실 수 있는지…. 연애하고 결혼하고 아이 낳고 그 모든 순간을 우리 천안 TC 지점 설계사들이 함께했는데. 센터장님이 없는 이 상황이 혼란스러웠다.

그렇게 나의 첫 지점장님을 보냈다.

내가 일을 할 수 있게 동기부여를 해 주셨던 분. 내가 일을 하고 싶게 옆에서 채찍질해 주셨던 분. 잘하고 있다고 더 잘할 수 있다고 나에게 기회를 주셨던 분. 이기은 지점장님은 나에게 그런 분이었다.

한 번도 하지 못했던 말.

지점장님 잘 지내시죠? 감사드려요. 이 모든 게 지점장님 덕분입니다. 제가 신입 때 너무 잘 배워서 여기까지 온 거 맞죠? 보고 싶습니다. 다음에 만날 때 수박은 제가 살게요. 그때까지 잘 지내세요.

나는 요즘도 수박을 보면 지점장님이 생각난다. 여름철에 먹는 시원한 과일인 수박이 나에게는 따뜻하게 다가온 게 그날 이후부터였다.

많은 지점장님과 함께 일을 했었고, 신입일 때 닮고 싶은 매니저님도 있었고, 동고동락 함께했던 매니저님들도 있었다.

지점장은 본사 발령이라 전국을 떠돌아다니는 경우가 많았다. 대개 1~3년 정도 일을 하고 다른 지점으로 가버렸다. 큰 지점에는 본 지점장이 있고, 신입 지점장이 와서 일을 배웠다. 대학을 갓 졸업한 젊은 친구들이었다. 경력이 쌓이고 일을 잘하는 지점장은 신생 지점으로 가서 그지점을 다시 대형 점포를 키워내야 했고, 경력이 어느 정도 있음에도 지점을 말아먹은 경우는 저 멀리 변두리로 발령받아 가는 일이 다반사였다. 일 년에 두 번 인사이동이 있는 날이면 컴퓨터 앞에 앉아 연신 새로 고침 버튼을 누르며 알고 있는 분들이 어디로 발령이 났는지 검색하기 일쑤였다. 좋은 지점장님은 계속 함께하길 바랐고, 인간미 하나 없는 지점장은 얼른 갔으면 하고 내심 바란 적도 있었다. 같은 지점장이더라도 대리에서 과장으로 진급을 하고 잘되어서 가는 걸 보면 자식 키워내는 마음으로 뿌듯했던 기억이 있다. 전국에 지점장님들은 그렇게 돌고 돌아 교통 편이 불편하고 지방으로 발령받으면 아~ 좌천됐구나 싶어서 그만두는 지점장님들도 있었다.

3년 전 M사에서 M생명으로 이직을 할 때 마지막 면접을 남겨놓고도 고민을 하고 있을 때였다. 지금까지 함께했던 고객들과 다시 함께할 수있을까? 고객을 두고 나옴에 있어서 나에게 실망하진 않으실까? 많은 것들이 정리가 안 되어 갈팡질팡했다. 결국 본사 면접 전날 지점장님께 전화를 해서 면접을 보는 게 힘들 것 같다고 말씀드렸다.

면접 전날 면접을 보러 오지 않거나, 출근하는 날 집에 일이 생겨 일을 못 할 것 같다고 연락하는 사람들을 보면 '이건 아니지.' 싶었는데 내가 그러고 있었다. 하지만 면접이 윗분들과의 약속이고 내가 면접을 불참함으로 인해 지점장님이나 매니저님이나 소개해줬던 지영 언니한테 피해가 가는 건 원치 않으니 모두가 힘들어진다면 면접은 보겠노라고 했다. 그리고 한마디 더 붙였다. 면접은 보되 최선을 다하지 않겠다고….

그때 나를 설득해 주셨던 분이 문경아 지점장님이셨다. 함께 일하는 동안 이분의 리더십, 카리스마, 추진력이 멋있어 보였다. 앞으로는 칼 같은 성격에 뒷면으로는 직원들을 챙겨주는 세심한 배려가 내 눈에는 보였다. 당근과 채찍을 함께 줄 줄 알고, 일에 있어 끊고 맺음이 분명한 분이셨다. 그런 성격이 시간 강박증이 있는 나와는 잘 맞아떨어졌다. 정말 닮고 싶은 지점장님이었다.

그 지점장님 밑에 우리 팀을 이끌어 주셨던 매니저님이 바로 문준일 매니저님이셨다. 지금은 내가 일하는 지점의 본부장님이시기도 하다.

M사 동기였지만 먼저 M 생명에 가 있던 지영 언니로부터 이분 이야기를 처음 들었다.

"우리 매니저님 진짜 똑똑해. 척하면 척이야! 보상은 모르는 게 없어!"

만날 때마다 넘쳐나는 칭찬에 어떤 분인지 살짝 궁금해졌다.

나보다 6살 위라고 알고 있었는데, 처음 만났을 때 외모는 족히 10살은 더 많아 보이는 휑한 머리 스타일이었다. 하지만 몸집만큼이나 넉넉한 마음으로 팀원들을 보듬어 줬고 함께 일을 하면서 이 사람이 진짜 진국임을 느낄 수 있었다. 손해보험에 6년이나 있던 나보다 보상에 관해서는 아는 게 더 많았다. 진짜 척하면 척이었다. 물어보면 답이 바로 바로 나와서 내가 일을 함에 있어서 불편함이 없었다. 너무 바빠서 깜빡할 때 빼고는….

매니저님 외모에 관한 에피소드가 있다.
어느 날 매니저님의 행동이 수상했다. 원수사에서 대리점으로 이직을 계획하고 계셨다. 함께 나갈 사람과 남을 사람으로 편은 나누어졌고, 딱 하루 고민하고 함께할 사람으로 마음을 굳혔다. 비 오는 어느 날 친한 언니들을 만나 내 뜻을 전했더니
"너 미쳤냐?"
"생보사에서 잘하고 있는데 네가 왜 따라가냐?"
"너 바람났냐?"
등등 온갖 욕을 다 들었지만, 매니저님 사진 한 장 보고 상황 정리.
모두가 입을 모아 한마디.
"아~ 그럴 외모는 아니구나."

꽃미녀 4명이 함께 입사를 했다. 우리 동기는 전 직장도, 나이도 다 달랐지만 같은 날 입사했다는 이유 하나만으로 서로 의지하고 고민을 털어놓고 이야기할 수 있었다. 입사하고 얼마 지나지 않아 야유회를 가게 되었다. 흔히 보험회사 야유회 하면 맛집 탐방이나 등산 정도로 생각하는데, 투표를 해서 공정하게 용인에 있는 '에버랜드'로 갔다. 팀원들 중에 젊은 친구들도 많았고, 적잖이 나이 있으신 분들도 있었는데, 싫다고 하는 사람이 없었다. 아가씨 때 놀이공원에 많이 가 봤지만, 결혼하고 아이가 생기고 나서부터는 놀이공원에 가도 아이들 위주로 돌아다니게 되었다. 아이들 눈높이에 맞춰 사파리도 가고, 회전목마도 타

고, 아이들이 탈 수 있는 놀이기구만 골라서 탔는데, 아이들 없는 놀이 공원이라…. 가기 전부터 설레었다. 재미나게 놀고 있는데 놀이기구를 하나도 안 타고 있는 수연 언니가 눈에 들어왔다.

"언니. 놀이기구 안 타요?"

"하하. 지현아. 언니가 이런 거 잘 타게 생겼지만, 시골에서 자라서 이런 거 잘 못 탄단다."

"에이~ 그럼 지난번 투표할 때 다른 데 가자고 하죠."

"다 같이 즐거워하면 됐지. 이참에 이런데도 와 보고 하는 거지. 좋네!"

놀이기구 타는 걸 멈추고 언니랑 이런저런 이야기를 나눠보니 경력 20년 차 대선배였다. 정이 많고, 받으면 꼭 베풀 줄 아는 성격 좋은 언니였다.

내 권리를 행사하는 게 투표인 줄 알았는데, 이 언니는 다른 사람들을 배려하고 있었던 거였다. 기대했던 것만큼 놀이기구는 많이 못 탔지만, 마음은 따뜻한 하루였다.

2015년 여름 썸머 시책이 걸렸다.

7월, 8월 두 달간 월납보험료 300만 원을 달성하면 사이판으로 여행을 가는 시책이 걸렸다. 시책이 게시되자마자 너도나도 목표를 세우고 결의를 다지는 전진대회도 했다. 시상으로 가는 여행은 가족들에게나 고객들에게 합법적으로 내가 쉴 시간을 얻어내는 것이라 생각했다. 일을 하면서 여행 시책이 있으면 달성하려고 더 많은 노력을 했다. 결국 8월 중순 즈음 지점에서 1등으로 시상 달성 스타트를 끊으며 다른 지점원들이 더 많이 함께해 주길 기다렸다. 동기였던 지영이, 동갑이었던 도형이 총 3명이 시상을 달성했고, 우수 매니저님에게 한 자리가 주어져서 우리 매니저님도 함께 하게 되었다.

그때 사이판은 태풍의 영향권에 들어 나무가 부러지고 물난리였지만, 사이판에서의 시상식과 여행은 감히 내가 다닌 해외여행 중에 최고였다. 일반 패키지 여행이나 자유여행은 감히 비교도 안 될 만큼 winner만을 위한 자리였고 모든 행사나 모든 스텝이 우릴 위주로 움직였다. 그곳에서 전국의 많은 선, 후배님들을 만날 수 있었고. 그 인연으로 지금도 연락하고 지내는 사람들이 나에게는 자산인 것이다.

그때 사이판에 카지노가 생긴 지 얼마 안 되어서 우린 혹시나 하는 대박의 꿈을 안고 택시를 불러 카지노로 갔다. 정선도 가본 적 없는 나에게 외국에서의 카지노는 색다른 경험이었다. 매니저님은 우리들에게 맘껏 쓰라고 환전해서 카지노 칩을 나눠주셨다. 그것도 잊지 못할 추억이었다. 타인에게 10만 원 주기도 각박한 세상인데, 카지노 처음 와본 우리들에게 칩을 나눠 주셨으니 우린 열심히 썼다. 아니 열심히 기계를 돌렸다. 그리고 돈을 땄다. 카지노에 가면 돈 잃고 온다고 했는데, 지영이랑 나는 돈은 제법 땄다. 주변에 사람들이 몰리고, 기계에서는 구름 탄 산신령이 지나가고, 음악이 나오고 너무 재밌는 일들이었다.

거기에서 만난 잘나가는 동생 영환이도 내가 딴 돈을 조금 나눠줬을 뿐인데,

"누나가 사이판에서 투자를 잘한 거죠." 하며 가끔씩 안부를 전해 오고, 소개도 시켜준다.

시간이 지난 지금도 사이판에서의 추억은 태풍과 카지노 밖에 기억에 안 남으니 다시 한 번 제대로 된 사이판 여행을 계획해 봐야겠다.

매니저님 주변에는 매니저님을 존경하고 따르는 사람들이 많았다. 나

역시 그중 한 사람이었다.

내가 하는 일에 언제든지 콜! 해 주시고, 뭐든 할 수 있게 기회를 제공해 주시니 감사할 따름이다. 보험회사에 근무했지만 매니저님과 함께 하는 시간은 틀에 박힌 보험회사라는 생각이 안 들었다. 내가 꿈꾸고, 상상하던 많은 일들이 이야기만 하면

"한번 진행해 보세요."였으니 나에게는 더할 나위 없이 좋았다.

매니저님은 우리에게 많은 기회를 주셨다. 혼자 자립할 수 있게 기회를 주셨고, 더 나아가서는 함께 공존하는 법도 알려주셨다.

그래서인지 다른 사람들이 우리 사무실에 오면 첫째, 보험회사 같지 않다, 둘째, 가족같이 너무 편해 보인다는 말을 많이 한다.

첫 번째는 틀에 박힌 보험회사 인테리어가 아니라 그럴 것이고 둘째는 우리들이 정말 허물없이 하하호호 해서 그럴 것이다.

꿈에 그리는 직장을 매니저님과 함께 만들어 갈 수 있어서 행복한 사람들이다. 오늘도 칼바람 뚫고 그런 사무실로 출근을 한다. 행복한 아침 맞이하러….

출근 시간이 지났는데도 지은이가 소식도 없고, 출근을 안 한다.

"오늘 지은이 왜 안 나와요? 연락 온 거 없었어요?"

"어제 또 술 마셨나 보지."

팀장님이 한마디 툭 내뱉는다. 괜히 물어봤나 하는 생각이 든다.

술을 좋아하고, 사람들과 잘 어울리는 친구여서 저녁 약속이 많았지만, 본인한테 아직 연락 온 건 아니니깐 기다려본다. 감기몸살로 오늘은 출근이 힘들다는 연락이 왔고, 건강 잘 챙기고 내일 보자는 문자를 보냈다. 팀장님께 전달하니

"어제 말짱하던 애가 왜 아프대? 술 먹고 뻗었구먼."

혼잣말인 듯 중얼거리지만, 옆에 있는 사람들은 분명히 들을 수 있는 톤이었다.

"에이~ 설마요."

하고 넘겼지만 이런 일이 한두 번이 아니었다.

출근 안 한 지은이가 미운 게 아니라, 얄밉게 이야기하는 팀장님이 더 미웠다.

오전 미팅 시간에 말들이 나왔다.

"오늘 은희 둘째 아파서 못 나온대요."

"그 집 애는 맨날 아프고 난리야."

나한테 하는 소리인 것 같아 콕콕 가시가 되어 박히듯 기분이 좋지 않다. 여자이고 아내이자 엄마인 사람들이 대다수였다. 어린아이가 아프면 어쩔 도리가 없다. 나야 시어머니도 근처에 계시고 형님도 있고 해서 큰 무리는 없었지만, 도움받을 곳 하나 없는 직장맘이 대다수였다.

그러면 팀장님은 꼭 그렇게 말씀하셨다.

"누구는 애 안 키워봤나? 다 그러고 크는 거지."

입사할 때는 분명히 애들 아프면 쉬어도 되고, 시간 자유롭게 조절해서 여자들이 일하기에는 세상 좋은 직업이라고 이야기하셨던 분이 팀원들에게 알게 모르게 눈치를 줬다.

그 당시 팀장님 애들은 초등학교 고학년 남자아이랑 갓 중학교에 입학한 딸이 있었던 걸로 기억한다. 지금 예원이가 5학년이 되고 보니, 그 정도면 나도 놔두고 다닐 수 있을 것 같다는 생각이 든다.

예원이가 돌 지나고 일을 시작했으니, 병원 갈 일이 좀 많았을까? 항상 뒤에서 하는 딴소리 듣기 싫어서 웬만해서는 말 안 하고 혼자서 해결하려고 노력했다. 예원이랑 비슷한 또래의 아이를 가진 엄마들이 몇몇 있었다. 당시 4살, 5살, 6살… 대부분 미취학 아이들이었고, 팀원 15명 중 한두 명 출근 못 하는 건 다반사인데, 매일매일이 그랬다. 무슨 이유에서든 출근을 못 하는 게 팀장님에게는 용납이 되지 않는 뒷담화거리였다.

당사자 앞에서는 온갖 사탕발림으로 폭풍 칭찬해놓고 없는 자리에서는 곱지 않은 말들로 주변 사람들에게 이야기했다.

누가 좋은 차를 사면,

"아이고~ 차만 좋으면 뭐 해? 내용 하나도 없네. 다 할부로 샀더구먼."

비아냥거렸다.

누가 큰 계약이라도 하면,

"굼벵이도 구르는 재주는 있나 보네."

이죽거렸다.

3년쯤 팀원으로 같이 생활하다 내가 매니저가 되고 보니 그런 일들이 더 심하게 눈에 들어왔다. 다른 팀 팀원을 깎아내리고, 다른 팀장들

흉도 보는 걸 보니 '내가 없는 자리면 더 하겠다'라는 생각이 들었다. 그런 스트레스가 극에 달하자 매니저 일을 계속할 수가 없었다. 결국 생각했던 대로 내가 없는 자리에서 내 흉도 적잖이 봤던 것 같고 다른 팀장님의 제보로 그 사실을 알 수 있었다. 내 성격에 모르면 몰랐지 알고 있는 이상 더 웃으면서 대할 수가 없어 따졌더니 그런 적 없다고 딱 잡아뗐다. 다른 팀장님이

"정미야, 너 지난번에 그렇게 이야기했었잖아. 그거 내가 지현 매니저한테 이야기해줬어."라고 말했다.

그러자 당황하는 기색 없이 오히려 화를 낸다.

"언니! 그런 걸 이야기하면 어떡해요?"라고 하더니 혼잣말로 또 중얼거린다.

"없으면 나라님 욕도 하는데, 뭐 어때?"

같은 공간에 세 명이 앉아있는데 숨이 막히는 것 같았다. 이 사람은 상식이 안 통하는 사람이구나. 어쩜 이렇게 뻔뻔하게 살 수가 있지? 앞에 당사자가 있는데도 거짓말을 하더니, 들키고 나니 할 수도 있는 일이란다.

보통의 사람이라면 미안하다고… 그때 잠깐 그런 생각이 들어서 그런 말이 나간 것 같다고 해야 하지 않나? 사과를 바란 건 아니지만, 나에게는 첫 팀장이었던 사람이, 같은 직장 동료였던 사람이 그런 하급의 인간이었다고 마무리 지으며 회의실 문을 열고 나오면서 핸드폰에서 이름을 바로 삭제해버렸다.

팀장쯤 되는 위치라면 본인이 하는 밀이 영향력이 있다는 걸 알아야 한다. 친구들과 모여앉아 가볍게 수다 떠는 게 아니라 직장에서는 본인이 무심코 내뱉는 말이지만 그걸 듣는 다른 사람들은 아~ 그렇구나라

고 생각할 수도 있기 때문이다.

　나는 결국 그 팀장 때문에 첫 번째 직장을 그만두었지만, 아직도 그 팀장이 그 회사에 다니고 있으니 그만두길 잘한 일임에 틀림없다.

　매달 많은 실적을 하기는 힘들다. 하지만 그런 사람들이 있다. 매달 기본 이상을 하는 사람이 있고, 기본만큼만 딱 하는 사람이 있고, 기본을 하기도 힘들어하는 사람이 있다. 처음 입사할 때는 이게 보이지 않는데, 어느 정도 시간이 지나면 그 사람의 그릇이 보였다. 본인의 인맥이 아무리 좋더라도 보험에 관심 없는 사람이 그냥 들어준 계약은 오래 유지되지 못했다. 그런 계약은 안 하느니만 못했다. 계약 미유지로 인해 받았던 월급이 환수되기도 했지만, 유지율이 어느 정도 이하이면 급여에는 더 큰 타격을 받았다. 매월 많은 실적을 하고도 유지율이 좋지 않으면 본인 수당에서 깎여 나가니 일할 맛도 떨어진다. 이런 사람들을 많이 봤다. 그런 계약은 처음 가입할 때부터 무리한 금액으로 가입되었거나 가입 상품에 대한 니즈가 부족해서 고객은 보험료가 빠져나갈 때마다 이걸 해약할까? 말까? 하고 고민을 하다가 몇 달 못 버티고 해지하고 마는 것이다.

　나에게 팀원들은 매니저 시절 신입들이었다. 보험회사는 1년이 지나면 신입 딱지를 벗고 정착했다고 보는데, 정착 전까지는 지점 매니저가 관리를 했다. 소속 팀은 있었지만, 팀장보다는 매니저와 면담을 하는 일이 많았다. 신입을 관리하고, 그 사람들의 실적으로 인해 내 소득이 결정되었으니 나에게는 소득원이었던 셈이다.

　하지만 실적으로 팀원들을 차별하지는 않았다. 실적을 많이 하더라도 근태가 엉망이고, 본인 잘난 맛에 일한다면 선배들 이쁨을 받을 수 없을 것이며, 열심히 하는 게 보이는데 일이 꼬여 잘되지 않는 친구들을 보면 뭐라도 하나 챙겨주고 더 도와주고 싶었다.

신입으로 들어온 친구 중에 은영이라는 동생이 있었다. 서울이 고향이었지만 깍쟁이 같지 않고 정감 넘치는 친구였다. 큰아이가 예원이랑 동갑이었고, 옆 동네에 사는 이웃이었고, 알고 보니 형님네 둘째와 같은 유치원을 다니고 있었다. 아이 때문에 출근을 못 하는 일도 많았고, 고부간의 갈등으로 집안일도 복잡했다. 음식 솜씨가 좋은 은영이는 자주 우리에게 요리를 해줬다. 아침에 음식을 싸오는 일도 종종 있었지만, 마감 날 늦게까지 일하고 있으면 안줏거리 잔뜩 도시락통에 담아 맥주 몇 개 들고 사무실을 찾아왔다. 그런 은영이가 솔직히 일은 못 해도, 출근을 잘하진 않아도 고맙게 느껴졌다. 본인은 일찍 퇴근해서 저녁 해놓을 테니 저녁밥 먹으러 오라고 하기도 했고, 복날엔 사무실로 삼계탕을 한솥 들고 와서 지점 식구들의 배를 채워줬고, 얼마 전엔 필리핀으로 가족여행을 가더니 사무실로 망고 한 박스를 턱 하니 보내 주기도 했다.

가끔 한 상 차려놓고 우릴 초대하던 은영이의 요리가 그립기도 하다. 요즘은 둘째 낳고 바쁘다는 핑계로 은영이 음식 솜씨를 맛볼 수 없게 되었지만, 곧 다시 맛난 음식을 먹을 수 있기를 기대해 본다.

리쿠르팅 전설이 되다

보험을 하면서 해외여행을 참 많이도 다녔다. 친구나 가족들과 다녀온 여행보다는 회사에서 보내준 여행이 대부분이었다. 그것도 실적이 좋아서 다녀온 여행보다는 리쿠르팅을 잘해서 다녀온 여행이 더 많았다. 일 년에 두세 번 정도는 비행기를 탔었고, 여권에 도장 찍어가는 재미로 일을 신나게 했던 시절이 있었다.

보험회사에서 지점장님이 가장 이뻐하는 직원은 누구일까? 일 잘하는 설계사와 리쿠르팅(도입이라고도 하고, 증원이라고도 한다)을 잘하는 설계사 중에 누가 더 이쁘냐고 물어보면 열에 아홉은 리쿠르팅 잘하는 설계사가 더 이쁘다고 할 것이다. 조직원이 늘어난다는 건 그만큼 지점의 업적이 늘어난다는 의미로 볼 수 있기 때문이다. 입사 전에는 리쿠르팅이라는 단어를 전혀 몰랐다. 하지만 10년이 지나는 동안 귀에 딱지가 앉도록 듣는 단어가 되어버렸다. 입사하고 내 눈에도 이뻐 보였던 지점장님이 있었고, 도와드릴 수 있는 일이 뭔가 하고 고민하다 보니, 지점에 도움이 되는 일은 실적이 아주 많거나 리쿠르팅을 해서 지점 식구를 늘려나가는 일이라는 당연한 이치를 알게 되었다. 그래서 관심을 가진 게 리쿠르팅이었다.

처음에 리쿠르팅은 아주 쉽게 되었다. 일을 시작한 지 6개월도 채 안 된 신입이었지만 선배들이 하는 것처럼 돈을 내고 일일 광고지에 직원 모집 광고를 내고 기다렸더니 어느 날 전화가 왔다. 처음에는 그 전화가 뭐라고 전화 받는 것도 버벅거리고, 더듬거리기 일쑤였다. 다행히 보험 경험이 있던 분이셨고, 나보다도 베테랑이었다. 그분은 면접을 순차적으로 보며 순조롭게 우리 회사에 입사를 결정했다. 지나고 나서 그분은 이렇게 어린 친구가 보험회사에 일하는 줄 몰랐다고 했다. 경력이 있는 분이다 보니 손 가는 게 하나 없이 너무도 일을 잘하셨다. 지금은 굴지의 생명 보험회사로 옮겨 아직도 보험 밥을 먹고 있는 희열 언니가 배 아파서 낳지는 않았지만, 나의 첫 번째 자식이었다.

그렇게 쉽게 채워진 단추는 나를 고민에 빠뜨렸다. 만약에 내가 일자리를 구하는 구직자라면 어떻게 할까? 나야 내 보험을 담당하던 설계사가 이곳에 있어서 큰 고민 없이 일자리를 구한 케이스지만 만약 내가 일자리를 구한다면 전단지 광고 따윈 보지 않을 거란 생각이 들었다. 최첨단 시대 아닌가? 그 당시 전단지에 올라오는 광고는 정규직보다는 일용직이나, 식당 직원을 구하는 게 대다수라는 편견이 나에게는 있었다. 만약 나라면 어떻게 일자리를 구하려고 했을까?라는 생각이 답을 구해주었다. 노동청이라든지 인터넷에 일자리 사이트가 좀 많은가? 생각이 거기까지 다다르자 입사 광고를 인터넷에 게재해 봐야겠다는 생각이 들었다.

동기인 지영 언니랑 일자리 사이트를 몇 곳을 선별해서 겹치지 않게 나누어서 광고를 냈다. 사업주가 광고를 내듯 인터넷 업체에 회사 등록을 하고 구인광고 절차에 맞춰 기업 등록을 하고 광고를 게재했다. 결과는 요즘 말로 대박이었다. 문의 전화는 쇄도했고, 출근하면 이메일로 이력서가 줄줄이 들어와 있었다. 아침에 출근해서 매일매일 이메일을 열어 볼 때의 심정이란…. 럭키 박스를 열어 볼 때의 마음처럼 지금 생각해도 심장이 쫄깃하기만 하다.

덕분에 우리 지점장님은 한 달 동안 정말 밥 먹을 시간이 없을 정도로 많은 면접을 봤다. 나로 인해 지점으로 찾아와서 면접을 본 사람만 30명이 넘었었고, 그중 절반 이상이 2차 단장님 면접을 봤고, 최종 입과 확정은 6명이었지만, 첫날 교육받고 1명이 집으로 가면서 한 달 동안 교육이수자는 총 5명이었다. 거기에 동기였던 지영 언니 자원들까지 넘쳐났으니 지점은 한 달 동안 낯선 사람들이 들락날락 거리며 시끌벅적했고, 그달 신입은 9명이라는 경이적인 기록을 세웠다. 정신없이 한 달을 보내고 나니 나는 스타가 되어있었다. 어떻게 증원을 이렇게 많이 했냐? 방법이 뭐냐? 물어오는 사람들이 많았고, 아끼지 않고 내가 겪었던 경험담을 이야기해줬더니 똑같은 광고를 내는 사람들이 많아졌다. 나에게도 경쟁력이 필요한 시점이었다.

인터넷으로 구직 광고를 내다 보니 차츰 요령이 생겼다. 좀 더 깔끔하고 자극적인 문장이나 단어가 필요했고, 신입임에도 과감하게 '인사담당자 김지현'이라는 문구를 썼고, 매달 있는 직원 모집 마감일을 정해두고 일주일 단위로 끊어서 광고를 올렸다. 그리고 사람들이 일자리를 찾으려고 구직 사이트를 방문했을 때 내 광고가 상단에 갈 수 있도록 매일매일 업데이트를 했다. 이러한 노력으로 M사에서 내 인생은 180도 달라졌다. 눈에 띄지 않던 신입이 지점이 생긴 이래 가장 많은 리쿠르팅으로 전설적인 기록을 세웠다. 천안 TC의 한 달에 9명 리쿠르팅은 타 지역, 타 지점 지점장님들께도 전해져서 나에게 리쿠르팅 비법을 알려달라는 강의가 들어오기 시작했다.

그래서 급하게 배운 게 PPT였다. 한글 타자랑 인터넷 검색만 했던 내가 PPT를 배워 강의 자료를 어설프게 만들어 대전이며 청주며, 리쿠르팅을 전파한답시고 여기저기 부르는 곳은 달려갔다. 끝나고 나면 어김없이 지점장님들은 맛있는 식사를 사 주셨고, 강의료를 챙겨주기도 하셨다.

　그때부터였던 것 같다. 대중 앞에 서서 나의 이야기를 하는 시간을 즐길 수 있게 되었다. 나는 사람들 앞에 나서서 이야기하는 성격이 아니었다. 음주에는 강했지만, 가무에는 약했던지라 남들 앞에서 노래를 부르거나 춤을 추는 일은 없었다. 그래서 술자리는 가지만 노래방이나 나이트클럽은 피할 수 있으면 피하려고 노력했다. 돌쟁이 아이도 아니고 낯가림이 심해서 낯선 자리에서는 생각을 좀처럼 말하지 않았다. 하지만 습관이 무섭다고 사람들 앞에 나가서 이야기를 하다 보니 두근거림도 덜 해졌고, 꾹 다물고 살았던 입도 어느 순간 어린아이가 말문이 트이듯 입이 트였다. 무대 울렁증도 사라졌고, 매니저 시절 다른 강사가 펑크를 냈던 강의를 준비 하나 없이 들어가 말로 때우고 나올 정도로 나의 언변은 나날이 발전해 갔다. 회사를 다니면서 많은 에피소드들이 있었고 우스갯소리로 내가 보험 일을 하면서 겪은 일들을 책으로 만들면 백과사전만큼 될 거야라고 했던 말이 이제는 사실이 되었다.

　리쿠르팅을 한다는 건 두 가지 의미에서 나에게 큰 도움이 되었다.
　첫째는 소득 면에서이다. 자원들의 실적 일부분이 나의 소득과 직결되었으니 나는 신입임에도, 내가 한 계약이 많지 않아도 소득이 높은 편이었다. 리쿠르팅 수당은 자주 변경되었지만, 그 사람들로 인해 내가 돈을 벌었다는 건 간과할 수 없는 부분이다. 설계사 시절에는 피유치자들의 실적에 따라 나의 소득이 왔다 갔다 했고, 매니저 시절에는 신입들의 실적과 정착에 따라 소득에 변동이 있었다. 그러다 보니 나는 자연스레 나만 잘해서 고소득을 달성했다기보다는 다른 사람들과 상부상조하고 함께 윈윈해야지 나에게도 금전적으로 도움이 된다는 걸 일찍 알았다.

우리나라 사람들의 특성상 하나를 받으면 으레 하나를 갚으려고 하는 성향이 있다. 나 역시 뼛속까지 철저한 한국인이라 그 사람들로 인해 내가 도움받았다고 생각하면 가만히 있는 성격이 아니었다. 뭘 하나라도 줘야지 마음이 편해졌고, 밥을 한번 얻어먹었으면 나는 두 번을 사야 직성이 풀리는 스타일이었다. 지갑에 현금이 없으면 불안해했고, 사람 만나는 것조차 꺼려졌다. 그렇게 하면서 자연스레 주변 사람들을 챙기게 된 것 같다.

둘째, 나의 생활패턴이 달라진 것이다. 회사에서 자식이 한꺼번에 6명이나 생기면서 정신없이 바빠졌다. 교육기간에는 교육매니저가 있다지만 본인 유치자를 찾아와 이야기하고 고민을 상담하고 의논하기 일쑤였다. 하지만 다들 나보다 언니들이었고, 당시 신입이었던 나조차 그런 일에는 까막눈이었으니 내가 할 수 있는 거라곤 그런 고민거리들을 팀장님이나 선배 언니들에게 토스하고 내 할 일을 묵묵히 하는 거였다. 그러려면 나는 누구보다 부지런을 떨어야 했고, 사무실을 지킬 수밖에 없었다. 증권분석이며 설계며 하물며 팩스 받는 것까지도 나는 언니들의 비서 노릇을 해야 했다. 하지만 그런 일들이 불편하거나 불합리하다고 생각하지 않았고, 신입이었던 내가 오히려 더 많은 케이스를 접할 수 있는 계기가 되어서 나는 그 시절에 더 많이 성장했다고 생각한다.

그 뒤에도 리쿠르팅은 몇 달간 독보적인 기록을 유지하며 꾸준히 했던 것 같다. 천안에 지인이나 연고가 있어서 "보험 한 번 같이 해보자."라고 말하는 성격이 아니니 광고로 인한 증원은 나에게 더할 나위 없이 좋은 방법이었던 것 같다.

시간이 흐르고 어느 정도 경력이 쌓이다 보니 "나도 보험 한번 해 볼까?" 하는 사람도 생겨났고 그렇게 일을 시작한 게 유정 언니와 진옥이었다. 유정 언니는 태아보험을 가입했던 고객이었다. 어느 날 보험이 하고 싶다고 만삭인 몸에 망사스타킹을 신고 면접을 보러 왔다. 그리고 출산을 하자마자 교육을 받았으며 누구보다 열심히 벌어서 열심히 쓰고 있는 멋진 삶을 사는 언니이다. 물리치료사였던 진옥이는 천안 와서 내가 만난 절친이다. 나름 전문직이었던 물리치료사라는 직업을 내려놓고 보험이 하고 싶다고 찾아온 친구였다. 남편의 반대가 심했지만, 3년이 지난 지금도 묵묵히 본인 자리에서 스스로의 몫을 해내고 있다. 진옥이뿐만 아니라 리쿠르팅을 해서 아직 M사에 남아있는 사람들도 있고. 이직해서 다른 회사에서 굴지의 자리를 꿰차고 있는 언니들을 보면 내가 여러 사람 일자리 창출해줬구나 하는 생각도 들지만, 오랜 시간 나와 함께 같은 길을 가고 있어서 감사한 마음이 더 크다.

우리 일이 어디 하루 이틀 하고 그만둘 일인가? 회사가 어디가 됐든 내가 아직까지 보험을 하고 그녀들이 보험 밥을 먹고 있다면, 우리들은 언제까지나 한 마음인 것이다.

처음 시작할 때의 그 마음!!

나의 욕심으로 사람을 대하지 않고, 신입이었을 때 나의 시각으로 본다면 찾아오는 사람 한 명 한 명이 너무 감사하고 고맙고 소중한 사람들이다.

이 사람들과 함께 앞으로도 고객들의 보장지킴이로 서로 보듬어 주면서 이 길을 함께 가고 싶은 게 나의 소박한 바람이다.

"언니! 이것 좀 확인해줘 봐봐."

"지현아, 사무실이야? 그거 심사 뜬 거 좀 봐봐."

"언니 어디야? 그 아파트 화재보험 건 진행되고 있어요?"

"지난번에 이야기했던 그 고객 심사받았어요?"

"지현아, 이 사람 암보험 설계 좀 해줘봐."

명란 언니, 현숙 언니, 미경 언니 업무적으로도 든 사적으로든 서로 연락할 일들이 많다. 같은 사무실에 근무하는 현숙 언니, 미경 언니 말고도 타사에 근무하는 명란 언니까지 남편보다 더 많은 시간을 보내고 연락하는 게 언니들이다.

하루에도 몇 번씩 지현아! 언니! 지현아! 언니!를 서로 불러가며 오늘도 살아있음을 확인한다.

우리는 M사에서 처음 만났다. 나이는 내가 제일 어리지만, 보험 밥은 내가 제일 많이 먹었다. 내가 입사가 제일 빨랐고 다음이 명란 언니, 미경 언니, 현숙 언니 순서였다. 같은 팀에서 우리는 함께 일을 했었고 입사 순서는 달랐지만 같은 날 퇴사를 하면서 더 끈끈한 동지애로 뭉쳐졌다.

함께할 수 있다는 것, 함께할 누군가가 있다는 것, 그리고 함께하고픈 사람이 있다는 것. 세상 살면서 가장 행복한 일이 아닐까? 언니들은 나에게 그런 의미였다. 무엇이든 함께 공유하고픈 사람들!

"언니! 어디야?"

"아직 사무실."

"언제 마쳐?"

"조금 이따가…. 왜?"

"퇴근하다가 우리 집에 들러. 일찍 퇴근해서 김밥 좀 쌌는데 가져가서 형부랑 먹어."

"지현아! 어디야?"

"집이에요."

"그럼 좀 이따 1층으로 내려와. 떡 갖다 줄게."

"네. 도착하면 전화해요."

가만히 생각해 보면 언니들한테 참 많은 걸 받았던 것 같다. 여름이 시작되기 전 우리는 회사를 나왔다. 탑골공원에 삼삼오오 모여 앉아 바둑 두는 할아버지들처럼 우리도 매일 만나 작전회의를 세웠다. 어떤 날은 등산을 하고 어떤 날은 공원에서 고기도 구워 먹으며 먹고 살 고민을 할 때도 있었다. 등산 갔다가 내려오는 길에 시장에 들러 열무 2단 사고 각종 야채를 사 와서 명란 언니는 나에게 열무김치 만드는 노하우를 전수해줬다. 김치 담는 일은 어머니만 하는 거라 생각했던 나였는데 그 뒤로 김치 담는 것쯤은 우스운 일이 되어버렸다. 두툼한 손이 뚝딱뚝딱 많은 음식을 만들어냈다. 각종 야채들을 지지고 볶아 맛깔나는 잔치국수도 해 줬고, 매운 게 당기는 날에는 매운 고추 듬뿍 갈아 넣고 닭발도 만들어줬다. 그야말로 살림꾼인 명란 언니는 말로는 퉁명스럽게 대해도 극적인 상황에서는 큰 감동을 주는 매력을 가지고 있다.

내가 매니저가 되고 나서 많은 도움을 받았던 게 명란 언니였다. 모든 사람들을 다 품을 줄 알았던 명란 언니는 돌고 돌아 현재는 M사에서 부지점장으로 일을 하고 있다. 그 자리가 딱 어울리는 정말 진국인 사람이다.

  내가 구분하는 말은 딱 3가지이다. 할 말이 있고, 못 할 말이 있고, 해서는 안 될 말이 있다. 친한 사이라면 이것저것 가릴 것 없이 다 까놓고 이야기하겠지만, 내가 제일 싫어하는 게 해서는 안 될 말을 하는 것이다. A라는 사람이 B라는 사람을 모르면 이런 사람이 있다고, 그런데 이런이런 일이 있었다고 이야기할 수 있다. 원래 수다로 스트레스를 푸는 게 여자니깐! 하지만 A라는 사람이 B라는 사람과 알고 지내는 사이라면 서로의 단점이나 나쁜 이야기는 굳이 내가 옮기지 않는 게 기본이라고 생각한다. A의 이혼 소식이라든지 B의 가정 불화설 등은 나중에 어디서 들었냐는 이야기가 나오면 괜히 나만 가벼운 입을 가진 사람이 되는 것이다. 그래서 나는 신입들과의 상담 이야기, 개인 가정사 이야기들은 절대로 내가 먼저 이야기하지 않았다. 당사자가 이야기할 상황이면 속내를 털어놓을 것이고, 그렇지 않다면 아직 본인의 속 이야기까지 나눌 준비가 안 된 것이라 생각했다. 우리 회사에 이런 사람이 있다고 가족들이나 주변 사람들에게는 이야기를 해도 회사 언니들에게는 절대 이야기하지 않고 벙어리로 지냈더니 명란 언니는 나에게 자주 그런 말을 했다.

  "어휴~ 답답해 죽겠네. 말 좀 하라고! 몸에서 사리 나오겠다!"

  현숙 언니는 우리들 중에 유일하게 천안 토박이이다. 첫인상은 학교 다닐 때 껌 좀 씹은 언니로 보이지만 눈물이 많고 정이 많은 스타일이다. 버릇없는 내가 입바른 소리 하면 돌아서서 휴지로 눈물을 훔치는 게 현숙 언니다. 현숙 언니랑 친해진 건 몇 년 전 리쿠르팅 시상으로 파타야를 함께 다녀오고 나서부터였다. 먹는 것보다 못 먹는 게 더 많은 현숙 언니는 하나부터 열까지 다 챙겨 줘야 했다. 두 번 다시 이 언니랑은 여행 안 하겠다고 했지만, 아직도 많은 시간을 함께하고 있다.

2015년 12월.

75년생인 현숙 언니는 의료보험 공단에서 진행하는 건강검진 기간을 얼마 안 남기고 부랴부랴 건강검진을 받았다. 아무 증상이 없었기 때문에 공짜라고 해서 한 검사였는데, 그곳에서 유방암 진단을 받았다. 결과가 나오던 날 보호자와 함께 오라고 하던 의사 선생님 말씀에 한걸음에 달려갔던 언니는 그 자리에서 암 환자로 바로 등록이 되었다. 청천벽력 같은 소식이었다. 어제까지만 해도 깔깔거리고 웃던 우리들이었는데, 하루아침에 암 환자라는 꼬리표가 붙었다. 다행히 수술은 잘되었고, 언니는 지금도 동에 번쩍 서에 번쩍하며 잘 지내고 있다. 호르몬 주사 때문에 일상생활이 뒤엉켜 시차 적응하느라 힘들어하지만, 우리나라 의술이 좀 좋은가? 못 먹는 게 많았던 현숙 언니는 그 뒤로 건강에 좋은 건 다 챙겨 먹는 이상한 식습관이 생겼다.

굴러가는 낙엽만 봐도 까르르 웃는 언니가 있다. 미경 언니이다. 우리 중에 제일 나이가 많은 맏언니지만, 25살 아들, 22살 딸이 있으니 아마 젊은 세대들과 교감 지수는 제일 높을 것이라 생각된다. 요즘 열풍인 코인을 우리에게 전파한 것도 미경 언니였다.

"지현아! 비트코인이라고 들어봤어?"

"네. 들어는 봤죠."

"누가 이거 하나 하라고 하는데 해볼래? 한 코인에 180만 원이라는데 나는 한 코인 해야 할 것 같아."

"가상화폐를 왜 해요? 쓸 수 있는 돈도 아니고… 전 안 할래요."

안 한다고는 했지만 미경 언니가 투자했으니 신경이 쓰일 수밖에 없었다. 하루에도 몇십만 원씩 오르는 비트코인을 보며 없는 돈인 셈 치고 한번 해 봐야겠다고 마음먹고 말했다.

"언니, 저도 한 코인 해 볼게요."

"지현아, 이게 지금은 250만 원이래."

"알았어요. 내일 하는 방법 알려줘요."

다음날 코인은 미친 듯이 올라 350만 원이었다.

"엥? 말이 돼요? 하루 만에 100만 원이나 올랐다고요? 그럼 며칠 뒤에 월급 받으면 그때 할게요."

하고 이틀을 또 미룬 게 화근이었다.

이틀 뒤 코인 가격은 450만 원이었다.

"어쩔 수 없죠. 코인이 나랑 안 맞나 보네. 이렇게 갑자기 올랐으니 곧 훅! 떨어질 거예요."라고 장담했지만, 그 뒤로 비트코인은 연일 최고가를 갱신하며 500만 원, 600만 원 하더니 1,500만 원을 돌파했다. 최근에는 2,500만 원까지 찍고 곤두박질쳤지만, 미경 언니가 이야기할 때 몇 개 사뒀다면 몇 년 행복하게 살았을 것 같다는 상상을 해 본다.

직업 특성상 보험 설계사는 아는 사람이 많을 것이라는 선입견이 있다. 전형적으로 나는 예외이다. 하지만 물어볼 곳은 있다. 인맥이 넓은 사람들이 몇 있으니 그들에게만 물어보면 답은 금방 나온다. 고객뿐만 아니라 시시때때로 들어오는 부탁이 뭘 좀 팔아 달라는 거다.

"아버님이 대추 농사지으시는데, 대추 좀 팔아 줄 수 있어요?"

"어머님이 고구마 농사지으셨는데, 좀 많은가 봐요. 몇 박스만 팔 데 없을까요?"

"시누이가 사과 과수원 하잖아. 이것 좀 몇 박스 사줘 봐"

이렇게 들어온 부탁은 거절할 수가 없다. 어차피 시장이든 마트든 가서 사야 하는 물건이라면, 믿고 먹는 거니 당연히 사는 거고 그런 일이 있을 때마다 언니들이나 나나 서로의 고객들 물건은 살뜰하게 팔아줬다. 얼마 전 판매했던 고등어는 50개였는데, 주문을 너무 많이 받아서 없어서 못 파는 에피소드까지 겪었다.

10년 동안 보험인으로 살면서 고객이 절반이라면 나머지 절반은 언니들로 채워졌다. 언니들이 있어서 조금 더 용기를 낼 수 있었고, 믿어주는 언니들이 있어서 원점에서 다시 시작할 수 있었다.

앞으로도 언니들과 함께라면 30년은 너끈히 일할 수 있을것 같아 힘이 솟는다.

정신없이 바쁜 하루가 지났다. 난 바쁜 게 좋다.

종일 잡생각이 들지 않아 좋고, 퇴근길에 오늘 있었던 일들을 곱씹어 보면 정말 일 분도 허투루 쓰지 않고 알차게 보낸 나 자신이 기특해서 스스로 쓰담쓰담 해 주고 싶은 날이다.

난 그렇다.

매일 저녁 6시 집으로 출근하는 직장맘.

일 년에 제사가 10번 명절 2번

종갓집 맏며느리였던 친정엄마는 우리 3남매를 굶겨서 학교에 보냈던 적이 없었다.

물론 할아버지, 할머니와 함께 살아서 시부모님 식사 때문이었는지는 모르겠지만, 학창시절에도, 대학을 졸업하고 회사를 다닐 때도 전업주부였던 엄마는 항상 아침밥을 차려주셨다.

30년 아침밥을 꼬박 먹고 자란 나는 아침밥이 주는 기쁨이 무엇인지 안다.

그 시절 친정 엄마가 쏟은 만큼 정성은 덜 들어간 걸 인정하면서도 아침은 꼭 먹여서 보내고 싶은 게 엄마 맘인가?

손수 만든 요리보단 가끔은 인스턴트 식품을 선택하면서도….

설령 3분 짜장을 먹이더라도 굶겨서 학교에 보내지 않겠다는 나의 독특한 지론.

6시 30분 기상과 동시에 아이들 아침 식사 준비를 한다. 7시 큰아이를 먼저 깨우고, 나도 워킹맘으로 변신을 준비 한다. 20분 후 둘째를 깨우고 씻겨서 옷 입히기까지는 남편 몫이다. 7시 30분. 남편은 밥상 앞까지 애들을 앉혀놓고 출근을 한다.

그때부터 전쟁이다.

"예원아 밥 먹고 있어?"

"예준아~ 얼른 밥 먹어. 몇 숟가락 먹었어?"

"예원아 옷 입었니? "

"얼른 양치하고 이리 와~. 머리 묶어줄게."

"예준! 밥 다 먹었어? 빨리 안 먹음 엄마 먼저 간다."

이때쯤 되면 매번 같은 대답이 들려온다.

"엄마 조금 남았는데. 배 아파요."

"엄마 그만 먹으면 안 돼요?"

한 숟가락이라도 더 먹여서 보내고 싶어 한 톤 높은 목소리로 안 된다고 해놓고서는 1분도 안 되어서 마음을 고쳐먹는다.

"그만 먹고 얼른 양치해~."

양치하고 안방으로 들어온 딸은 12살임에도 혼자 머리를 묶을 줄 모른다.

이쁘게 땋아서 묶어주고, 리본도 달아주고 싶지만 급한 마음에 오늘도 머리는 한 가닥으로 질끈 묶고 앞머리는 흘러내리지 않게 핀 하나꽂아준다.

안방에서 옷을 갈아입으며 또 한번 소리를 지른다.

"예준아 얼른 점퍼 입어~ 가방 메고~."

"신발 신었어?"

"엄마는 옷 다 입어가! 얼른 나가서 엘리베이터 눌러."

우리 집은 12층이다.

총총걸음으로 신발을 신고 밖으로 나간 6살 아들은 엘리베이터를 눌러놓고 숫자 공부를 한다.

"엄마 엘리베이터 올라와~."

"1층…. 5층…. 8층…. 10층….'

"어~엄마 다했어. 나가!! 예원아~ 학교 잘 다녀와. 엄마 간다"

"12층."

"가자!"

엘리베이터에 타서야 아들이 눈에 들어온다.

아침에 눈 뜨고도 눈 한번 마주치지 못했던 아들이….

엘리베이터가 내려가는 동안 지퍼도 올려주고 헝클어진 머리도 만져주고 꼬인 가방끈도 다 잡아주고….

1층에 도착해서야 손을 잡는다.

"1층~ 가자~."

1시간 30분 동안 전쟁 아닌 전쟁을 치르고 둘째를 유치원에 내려주고 회사로 향한다.

비록 회사까지는 10분도 안 되는 거리지만 유치원 내려주고, 아침 시간이라 차도 적당히 막히면 회사는 30분이나 걸려야 도착을 한다.

나는 왜 일을 하는가?

우리 가족 부족하지 않게, 하고 싶은 거 적당히 하면서 살고 싶어 시작한 맞벌이가 엄마는 자아를 찾고 행복을 찾았다지만 우리 아이들은 엄마 없는 아이로 키우고 있지 않나? 하는 생각이 들 때도 있다.

특히 아이들이 아플 때 그런 마음은 배가 되는 것 같다.

직업의 특성상 자유롭게 시간 조절이 가능하지만….

어디 아프고 싶어서 날 잡아놓고 아픈 것도 아니고….

갑자기 아프다고 연락이 올 때면 당황스럽긴 어느 엄마나 마찬가지일 것이다.

업무 중에 유치원으로부터 걸려오는 전화는 받기 전부터 쿵! 하고 내 마음을 방망이질한다.

계산대로라면 분명 내가 퇴근하기 전까지는 유치원에 있어야 하는데…. 발신인 표시가 유치원이면 덜컥 겁부터 난다. 아픈가? 혹시 다쳤나? 수십 가지 상상이 끝나기도 전에 여보세요? 전화를 받으면 아니나 다를까?

"어머니~ 예준이가 자꾸 까라지는데, 열을 재보니 열이 38도가 넘어요. 어떡해요?"

"일단 해열제 먹여 주시고요…. 좀 있다 갈게요."

바로 갈 수 있으면 그나마 다행이지만, 좀 있다 갈게요가 퇴근시간이 다 된 적도 있었고, 병원에 갔다가 약처방만 받아서 다시 유치원으로 돌려보냈던 적도 있었고, 이도 저도 안 될 땐 시댁 찬스! 근처에 사는 시어머니께 SOS.

내가 10년을 한결같이 일을 할 수 있었던 건 친정엄마도 아니고 남편도 아니고 어쩌면 시어머니가 계셨기 때문에 육아와 일을 병행할 수 있지 않았을까?

한날은 상담이 있어서 서울을 가는데, IC를 타자마자 큰아이한테서 전화가 왔다.

엥? 이 시간에?

분명히 학교에 있어야 하는 시간이고, 등교하면서 선생님께 핸드폰을 반납했을 텐데 무슨 일이지?

고민할 틈도 없이 전화를 받았는데 목소리가 다 죽어간다.

"엄마…. 배가 너무 아파요…. 선생님이 엄마한테 전화해 보래요…."

"많이 아파? 보건실 다녀왔어?"

"네…. 갔다왔는데도 …. 너무…. 아파요…."

맹장인가? 웬만해서는 잘 안 아픈 아이인데…. 어쩌지?

"예원아…. 엄마가 서울 가는 길이라 엄마는 갈 수가 없어…. 일단 끊어봐…. 엄마가 조금 이따가 전화할게."

아무것도 한 게 없는데 주체할 수 없이 눈물이 흐른다.

5분만 빨리 전화하지…. 라는 생각도 들고, 당장 달려갈 수 없는 나 자신에게 화도 나고….

남편에게 전화를 해보지만 뾰족한 수가 없는 걸 안다.

남편 직장은 집에서 한 시간 거리이다.

아무리 빨리 온다고 해도 50분은 족히 걸릴 것이고….

일단 남편한테 상황을 알리고 시어머님께 전화를 한다.

여차여차 상황 설명을 하고 빨리 채비해서 나오시겠다고 하지만…. 30분은 걸릴 것이고.

아!! 옆 동에 사는 미란이가 생각났다.

이웃사촌이면서 예원이 같은 반 친구 엄마.

시계가 2시를 넘어가고 있으니…. 그 집도 둘째가 유치원에서 올 시간 다 되어 가는데….

염치없지만 전화를 한다.

"미란아…. 어디야?"

"네…. 언니…. 집 앞이요…."

"부탁이 있는데…."

여차여차 상황 설명을 하니 흔쾌히 예원이를 데리고 병원에 가주겠다고 한다.

다행히 맹장은 아니었고 장염으로 마무리되었지만….

병원 다녀왔는데 혼자 집에 들어와 약 챙겨 먹을 딸 생각을 하면 코 끝이 찡해진다.

하지만 병원 다녀온 예원이보다 집에 더 빨리 도착한 어머니도 계셨고, 일찍 퇴근하고 온 남편도 있었고, 서울 갔던 일도 잘 마무리되었던 그런 날이 있었다.

내 나이 마흔 살 어떤 여름날에….

직장맘이 되고 나서 가장 곤란할 때는 방학이나 아이들이 아플 때이다. 학교 다닐 때야 급식이 있으니 끼니 걱정 안 해도 되지만, 방학 때는 오롯이 엄마 몫이 된다. 아프면 약 챙겨서 보내면 되지만, 혹시 수족구나 독감 같은 전염병에 걸리면 꼼짝없이 일주일을 집에 있어야 한다. 일을 하면서 많은 분들이 나의 이런 고민을 해결해 주었다. 이웃 잘 만나서 바쁜 엄마를 대신해 병원을 데리고 가 준 동생도 있고, 퇴근이 늦어지면 저녁 끼니를 해결해주는 친구도 있었다. 유치원 하원 버스 시간 못 맞출 때는 대신 데리고 와서 놀이터에서 놀아주는 이모도 있었고, 새벽 일찍 장거리 교육을 갈 때도 눈도 못 뜬 딸아이를 안아 아침 먹여주고 유치원에 보내주던 동생도 있었다. 이 모든 사람들이 있었기에 지금까지 나는 내 일에 전념할 수 있었다.

나만의 탈출구

"취미가 뭐예요?"

"뭐 좋아하세요?"

우리는 처음 만나는 사람들에게 이런 질문을 종종 한다. 무슨 소개 팅 자리도 아닌데, 이런 질문을 하는 건 낯선 자리에서 둘만의 공통점 을 찾아 이 어색함을 좀 무마하려는 건 아닐까? 혹시 누가 나에게 취미 가 뭐예요?라고 묻는다면 영화 보기라고 이야기를 할 것이고, 뭘 좋아 하냐고 묻는다면 나는 여행을 좋아한다고 이야기할 것이다. 나에게는 역마살이 있다. 집에 있는 게 싫지는 않지만, 주말에 꼭 자동차를 타고 어딜 다녀와야지 휴일 쉰 것 같은 기분이 들고, 시작하는 월요일을 새 로운 마음가짐으로 시작할 수 있는 건 내 기분 탓일까? 영화를 본다고 해서 다 기억하는 건 아니다. 이쯤 되면 단기 기억상실증일 수도 있는 데. 나는 1년 전 본 영화는 제목이 뭔지 주인공이 누구인지 관심이 없 다. 누구랑 함께 봤는지도 기억 못 한다. 명절날 TV에서 방영하는 영화 는 분명히 어디서 본 듯하지만 내 기억 속에 정확하게 스토리가 남아 있을 리 없다. 여행도 그러하다. 어딜 다녀왔고 뭘 먹고는 왔지만, 그날 그 감정, 그 시간에 충족할 뿐이지 단골집이 아닌 이상 두 번 다시 기억 하기는 힘들다. 어릴 때 책을 빌리러 도서관에 가서도 읽었던 책을 또 빌려오기 일쑤였고, 한창 홍콩 영화가 인기 있을 때 비디오 가게에서 봤던 비디오를 또다시 빌려오기도 했다. 이런 일들이 반복되자 언니는 내가 비디오를 빌리러 갈 때면 아예 제목을 몇 개 적어주고 거기서 빌 려오라는 당부를 하기도 했다. 언제부터 이런 증상이 있었는지는 모르 겠지만, 얼마 전 친구가 명확한 답을 내려줬다.

"보험에 관한 건 10년 전 것도 기억하는데, 그 이외의 것은 메모리 저장 기간 3개월이다."라고.

우리 일이 차분히 고객을 대하고 신중해야 하는 일임에는 틀림없다. 하지만 나는 즉흥적이고, 덜렁거릴 때가 많다. 이 일을 하면서 철저히 이중적인 성격. 고객을 대할 때는 신중함을 기하지만, 친구나 지인을 대할 때는 털털한 성격이 나오기 일쑤다. 하지만 아이러니하게도 그런 나를 사랑한다. 내가 본 책, 영화, 여행지 그날 있었던 일들이 임팩트 있지 않은 이상 모든 걸 기억하는 게 나에게는 무리다. 주변 사람들은 함께 한 일들을 내가 기억하지 못해 서운할 수도 있지만, 이런 점이 과거에 연연하지 않고 앞으로만 나아갈 수 있어서 나는 좋았다. 어쩌면 내 머리는 용량 딸리는 컴퓨터일 수 있는데 아직 살면서 불편하지 않으니 고쳐야겠다는 생각은 없다. 그래도 업무적인 일에는 실수를 하면 안 되니깐 나는 낙서 수준의 메모를 매일 한다. 먼저 처리해야 하는 일, 고객과의 약속, 오늘 꼭 해야 하는 일 등등 핸드폰이며 다이어리며 여기저기 메모를 해둔다. 그래야지 덜렁거리는 내 성격을 다잡아 가며 밥 벌어먹고 살 수 있기 때문이다.

몇 년 전부터 혼술, 혼밥이 유행하고 거기에 맞는 상점들도 생겨났다. 처음에는 어색했던 일들이 점점 핵가족화되면서 보편화되고 당연시 되어가는 것 같다. 편의점에도 도시락이 불티나게 팔리고, 혼자 무엇을 한다는 게 전혀 어색하지 않다. 나 역시 혼자인 게 편할 때가 많다.

나는 혼자 영화를 자주 보는 편이다. 우리 일이 사무실에 딱 얽매여 있는 게 아니다 보니 중간에 시간이 날 때, 갑자기 약속이 취소되어 시간이 뜰 때 고객들을 만나 차도 마시고 이야기도 나눌 수 있지만, 혼자만의 시간을 갖고 싶거나 머리를 식히고 싶을 땐 근처 영화관을 찾는다. 처음에는 어색하고 옆에 앉은 사람이 날 이상한 사람으로 생각하지 않을까? 하고 주변 사람들을 의식했는데, 전혀 그럴 필요 없다. 요즘은 혼자 영화 보러 오는 사람들도 많고, 극장 밖을 나서면 그들은 내가 누구인지, 나도 그들이 누구인지 관심 없다. 커피 한잔 들고 극장에 앉아 스크린을 보고 있노라면 혼자 깔깔거리고 웃기도 하고, 슬픈 영화를 보면서는 혼자 눈물을 흘리기도 한다. 누구 하나 옆에 앉은 여자 이상하다고 뭐라 하는 사람 없으니 솔직한 감정으로 몰입해서 영화를 볼 수 있지 아니한가? 그러다 보니 남편이 가끔 영화 보러 가자고 하면 어색하기 짝이 없다. 예전에는 개봉영화 날짜 기다리며 애들 재우고 심야영화를 보기도 했는데, 요즘은 나 혼자 몰래 본 영화도 있다 보니 같이 영화 보자는 말에 맘 한구석이 도둑이 제 발 저리듯 뜨끔할 때도 있다.

나른한 오후 낮잠을 확 쫓는 카톡이 울린다.
'스위티~ 뭐 해?'
'삼실.'
'손님도 없고, 장사도 안 되고…'
'나두 재미없어.'
'놀러 갈까?'
'어디? 놀러는 뺑기 타고 가야 제맛이지.'
'어디 가고 싶은데?'
'음… 사이판?'
'갈 수 있어?'
'아마도…. 갈래?'
'알아볼까?'
'어. 언제 갈까?'

'다다음 달쯤? 가능해?'

'OK. 알아보자.'

'진짜? 진짜 갈 거야?'

결혼하고, 아이 둘에 직장을 가진 여자가 나눈 대화치고는 즉흥적이었지만 우리는 죽이 잘 맞았다.

10분 정도의 카톡으로 장소, 날짜 정하고 항공권 가격비교 사진이 캡처해서 몇 장 오가고 우리는 덜컥 결제까지 해버리는 미친 짓을 했다. 그게 우리 여행의 시작이었다.

국내든 국외든 여행은 많이도 다녔었다. TV에서 나오는 맛집을 찾아 다녔고, 계절 따라 축제란 축제는 아이들과 함께 매주 주말마다 집을 나섰다. 회사에서 걸린 여행 시책은 합법적으로 외박이 가능하니 웬만하면 가려고 노력을 했다. 하지만 오롯이 나만을 위한 여행은 결혼 후 처음인 것 같아 비행기 표를 덜컥 끊어놓고도 걱정이 되었다.

'아이들은 어디에다 맡기지?'

'신랑한테는 뭐라고 이야기하지?'

'여름휴가 다녀온 지 얼마 안 됐는데, 회사에는 뭐라고 하나?'

그렇게 여행 가기 전까지 몇 가지 고민을 안고 있었지만, 그날 이후로 오히려 생활에 에너지가 넘쳐났다. 두 달 후면 여행을 가니깐 일도 부지런히 해야 했고, 남편한테도 미안한 마음이 있으니깐 더 잘하려고 노력하게 됐다. 그 일을 계기로 조금씩 변해가는 나를 보면서 이런 일탈도 필요한 거구나라고 깨달았다.

부산에서 커피숍을 하는 친구의 이름은 송수경. 애칭은 스위티이다.

유쾌, 발랄한 그녀는 내가 첫 직장생활을 할 때 알게 된 동갑내기 친구이다. 호주가 가고 싶던 어느 날 그녀도 가고 싶어 했지만, 함께하지 못했고 내가 호주를 다녀오고 정확히 1년 뒤 그녀도 짐을 싸서 시드니로 날아갔다. 다녀온 뒤 공유할 이야기가 많아서였나? 학습지 회사에서 일하던 나와 함께 그녀는 일을 했고 또 같은 시간을 같은 공간에서 보냈다. 이후 나의 결혼으로 부산을 떠나오면서 소식이 뜸해졌지만, 부산 갈 때마다 언제든 만날 수 있는 편한 친구였다. 30대 후반에 하늘색 오토바이를 마련해서 라이더의 꿈을 이루었고, 파란만장한 우리들만의 인생사를 겪으며 같은 공간 다른 시간 속에 따로 또는 함께하며 "남편들도 친해지길 바라"를 외치며 온갖 핑곗거리를 만들어 만남을 이어갔다.

'이번 주말에 뭐 해?'
'별일 없는데.'
'나 울산에 고래 박물관 갈 건데, 올래?'
'오~ 콜.'

몇 해 전 울산에 상담이 있어서 내려가는 길에 울산 고래 박물관 구경도 할 겸 가족들을 대동하고 차를 끌고 내려갔던 적이 있다. 스위티를 만나 밥이나 한 끼 하려고 했다. 얼굴은 봤다. 스쳐 지나가는 차에서…. 행사 마지막 날이라 차가 워낙 많이 막혔고, 주차장이 만원이라 돌고 돌다 친구는 지쳐서 그냥 갔고 우리는 꾸역꾸역 주차를 하고 구경을 하고 왔던 날이 있었다.

다른 사람들 같으면 뭐 이런 약속을 잡았냐고 뭐라고 할 법도 한데, 우리 일상이 항상 즉흥적이고, 버라이어티하다 보니 그런 건 또 쏘 쿨하게 넘어간다. 남편들도 이제는 이런 와이프 성격에 제법 적응해 가는 눈치다.

사이판을 다녀온 뒤로 우리는 단둘이 일본 오사카 먹방 여행을 다녀왔고 큰 아이들만 데리고 괌을 다녀오기도 했고, 나의 10주년 결혼기념일에 맞춰 스위티네 가족도 함께 짐을 꾸려 다낭을 다녀왔다. TV 여행 프로그램을 보고 우리도 저기 가 보자고 대만을 다녀왔고, 여행은 쿵짝이 맞아야 또 같이 간다고 했는데, 친구와 함께하는 여행은 완벽하진 않다. 매번 뭔가 부족하고, 실수투성이지만 그래서 더 재미나고 다음에 또 그곳을 찾고 싶게 만드는 것 같다. 다음 여행지는 스위트네 10주년 결혼기념일에 맞춰 하와이가 될 것이다. 2년이나 남았지만 그사이 분명 우리는 또 즉흥적으로 캐리어를 쌀 것이 분명하다. 순간순간 이벤트 같은 일들이 일어나는 나의 일상이 나를 설레게 한다. 나와 같은 멘탈을 가진 그녀가 있어서, 그런 우리를 이해해주는 신랑이 있어서 든든한 마흔한 살이다.

제 5 장

사람이 사랑이다

세상 모든 일은 영업이다

우리는 영업을 하는 사람들을 세일즈맨이라고 부른다.

영업의 시초가 어디서부터였을까? 최초의 보험회사는 어디였을까?

현존하는 우리나라 보험회사 중에 가장 오래된 보험회사는 메리츠화재이다. 1922년 조선화재 해상보험을 시작으로, 1950년 동양화재, 2005년 메리츠화재로 사명을 변경하면서 보험회사 중에서는 최장수 기업이다. 보험회사에서 처음부터 사람을 담보로 보험을 팔았던 건 아니었다. 우리나라 최초의 보험은 소보험이었다고 한다. 농가에서 자식보다 더 귀한 소를 담보로 소가 죽으면 돈을 지급했다고 하니 알고 보면 재밌는 보험의 역사이다.

주변에 영업하는 사람들은 많다. 자동차 판매원부터 화장품 판매원, 제약회사 영업사원, 최근에는 건강식품 판매사원도 많이 봤다. 영업사원들은 본인이 가지고 있는 물건을 팔고, 구매를 한 사람으로부터 일정 부분의 커미션을 받는다. 그럼 보험설계사는 무엇을 파는 사람인가? 당연히 보험을 파는 사람이다. 자동차나 화장품은 눈에 보이기라도 하지만, 보험이라는 게 어디 보이는 물건인가? 눈에 보이지 않는 무형의 상품을 사람들에게 전달하고 그걸 가입했다는 증거로 증권이라는 종이 한 장을 전해 주는 게 전부이다. 그리고 보면 보험은 단순한 지식으로 상품을 설명하고 파는 게 아니라 사후활동까지 해야 완전체인 것이다. 세일즈 세계에서 경쟁력이 있으려면 남들과 차별화되어야 한다. 10년 전 자동차나 화장품은 팔면 그만이었다. 하지만 주변에 영업을 하는 사람들 중에서도 성공한 사람들은 남들과 다른 무언가가 분명히 있었다.

화장품 구매 전 고객의 피부 상태를 점검하고 그에 맞는 화장품을 권하고, 중간중간 호전반응이나 트러블은 없었는지 체크하고, 소모품인 화장품이 떨어지기 전 다시 고객을 콘택트하고, 그게 다른 사람들과 다른 영업 방식이었을 것이다. 비단 화장품뿐만 아니다. 5년 전 나는 소개를 받아 친분이 하나도 없는 사람에게 자동차를 구매했다. 그분은 주기적으로 여름이면 휴가지를 안내해줬고, 새로운 차가 나올 때면 신차 카달로그를 보내줬고, 새해가 되면 연하장을 보내주기도 했다. 하지만, 이건 요즘 누구나 하는 일이다. 내가 다시 그 회사의 차를 구매할 기회가 된다면 그분에게는 구매하지 않을 것이다. 자동차가 어디 한두 푼 하는 것도 아니고, 몇천만 원씩 하는데, 그분보다 더 많이 노력하고, 발로 뛰고, 마음을 움직이려는 영업사원이 세상에 많이 있다.

보험도 마찬가지이다. 아니 어쩌면 세상의 모든 영업들 중에 더 많이 진심을 기울여야 하는 일일지도 모른다. 한 번의 비용 지불로 끝나는 게 아니라 매달 그에 상응하는 대가를 지불해야 하고, 이게 보통 10~20년 장기적으로 이어지기 때문에 웬만한 차 한 대 값보다 더 많은 비용이 지불되는 경우도 많다. 보이지 않는 상품을 나 하나 믿고 몇천만 원씩 내기로 약속하는 사람들을 보면 정말 감사한 일이다. 어디 그게 쉬운 일인가? 청약서에 기재된 대로 설명해주고 보상받을 일이 생겼을 때 보험금을 받아주면 끝나는 일이다. 하지만 이 무형의 상품을 팔기 위해 나는 10년 동안 나를 포장해서 세일즈했다.

고객이 내는 돈은 한 달에 몇만 원이지만, 총납입하는 보험료는 수천만 원이 되기도 한다. 그러려면 나는 고객에게 10년, 20년 함께할 수 있다는 믿음을 줘야 한다.

회사에서 출, 퇴근은 기본이고, 복장 하나 흐트러짐 없이 갖춰야 했다. 지금은 운동화보다 힐이 더 편할 정도로 치마 정장에 하이힐을 고집했고, 신발장의 내 구두는 다른 가족들 신발을 합친 수보다도 많다. 종이에 적힌 내용만 믿고 가입하는 고객들에게 나의 첫인상은 그 무엇보다 신뢰가 있어야 50% 먹고 들어간다. 굳이 명품 가방과 신발이 아니더라도 복장이나 매무새만 봐도 '아~ 전문적인 일을 하는 사람이구나'라는 인상을 남길 필요가 있다.

우리 일은 무엇보다도 자기 관리가 철저해야 한다. 그리고 중국집 철가방보다 더 신속, 정확해야 한다. 자기 관리도 못 하는 사람이 어디 가서 누굴 관리할 수 있겠는가? 아침에 부스스 일어나 일이 있으면 출근하고, 일이 없으면 하루 쉬고 그런 설계사는 고객도 원치 않는다.

내가 판매하는 보험이라는 상품은 언제 어디서 무슨 일이 생길지 모르는 만약이라는 경우의 수에 대비해서 가입하는 것이다. 그 만약이라는 일이 언제, 어디에서 생길지 모르기 때문에 나는 손에서 전화기를 놓지 못한다. 그 경우의 수가 발생했을 때, 고객들은 무조건 나를 찾았고, 나는 거기에 속 시원한 대답을 바로 해줘야 한다. 신입 때는 모르는 것투성이라 "확인하고 전화 드릴게요." 하고는 팀장님이며 매니저님들한테 전화를 돌렸었는데, 그들과 휴일에 통화하기란 쉽지 않았다. 그래서 내가 생각한 게 '만약 고객이 전화해도 이 사람들과 전화 연락이 안 됐을까? 내가 고객이라면 이 설계사에게 두 번 다시 보험을 들지는 않을 것 같다'였다. 결론은 내가 더 많이 알고, 내가 더 많이 공부하는 수밖에 없었다. 나의 경쟁력을 키워야 내 고객을 지킬 수가 있었다. 지금도 휴일에 가끔 후배들이나 타사 설계사들이 전화가 온다. 내 고객보다는 동료들의 전화가 더 많다. 전화를 받아보면 100% 보상 관련 질문이다. 이거 보상이 되나? 이러한 일이 있는데 이거 어떻게 안내해줘야 하나? 내가 알고 있는 선에서는 대답을 해준다. '설계사가 다 그렇지.'라는 편건을 깨기 위해 나의 설계사는 다른 설계사들과 다르다는 차별성으로 성공해야 한다. 알고 있는 모든 설계사들이 인정받으면서 일할 수 있기를 바라는 마음에 나 역시 그들에게 진심으로 대할 수밖에 없다.

내가 이렇게 동료들에게 확실한 이미지를 심어주는 건 이들이 언젠가는 고객이 될 수 있다는 걸 많이 봐왔다. 설계사 중 그만두는 사람들이 많다. 쉽게 도전했다가 힘들어서 다른 일 찾아가는 설계사들이 널려 있다. 이런 설계사들은 보험교육을 받았기 때문에 보험에 관한 지식도 있고, 관심도 많다. 이들에게도 나중에는 담당 설계사가 필요할 것이다. 그럼 누구에게 연락할 것인가? 대충대충 일하는 설계사에게 문의할 것인가? 똑 부러지는 설계사한테 보험을 맡길 것이다. 대답은 정해져 있다.

그리고 주변에 이런 사람 꼭 있다. 본인은 전화도 잘 안 받으면서 다른 사람이 전화 한번 안 받으면, 무슨 큰일이라 난 마냥 왜 이리 연락이 안 되냐고 호들갑을 떤다. 몇 번을 전화해도 연락이 없고, 문자며 카톡을 보내도 읽고 씹는다. 이런 사람들이 심리 상태는 어떠할까? 미안한 마음을 계속 쌓아 두는 것보다 한번 빨리 털어버리고 관계 회복을 하는 게 낫지 않을까?

아는 선배 언니에게 서류 관련해서 원수사에 확인해달라고 부탁을 한 적이 있다.

하루 이틀 기다려도 연락이 없고 또 전화를 했더니 전화를 안 받는다. 그때 그녀는 감지했으리라. 내가 무엇 때문에 전화를 했는지를… 문자를 보내고 며칠 뒤 다시 전화를 해도 감감무소식이다.

에잇! 내가 다른 방법으로 알아보고 만다.

포기하고 있을 때쯤 연락이 왔는데 그녀의 대답이 가관이다. 지난번 그건 알아보고 있는 중이고…. 본론으로 들어가 이런 고객 만났는데 괜찮은 상품 없을까? 너네 대리점에서 한번 추천해줘. 나에게 방법을 구한다. 이런! 이걸 들어줘? 말아?

다른 사람에게 하나를 줄 때 하나를 받으려고 인정을 베풀지는 않는다. 두 개는 바라지도 않는다. 다만 내가 남에게 도움을 받았다면 그 마음 고이고이 간직했다가 얌체같이 굴지 말고 그가 당신에게 손을 내밀 때 잡는 시늉이라고 했으면 한다.

살아가면서 우리들의 삶은 노력이다. 그게 비단 내 삶에서뿐만 아니라 내가 더불어 살아가고 싶다면 그 관계 또한 유지하기 위해 노력해야 한다고 본다. 나는 우리 신랑이 인정한 오지라퍼이다. 대부분의 친정 일은 나를 거쳐야 연락이 되고, 나를 통해야지만 소식을 들을 수 있는 일들이 많다. 이건 자라온 환경 탓도 있지만, 이 일을 하다 보니 자연스레 총무 역할을 맡는 자리가 많아졌고, 그 업무를 수행 하다 보니 많은 사람들과 소통을 해야만 했다.

요즘 SNS가 발달되어있으니, 나의 사소한 관심 표현 하나는 그들과 연결하는 고리나 다름없다. 싸이월드에서부터 카카오스토리를 거쳐 요즘은 페이스북이나 인스타를 통해 리트윗을 하거나 관심의 표현으로 좋아요를 눌러주기도 한다. 여기에 댓글은 필수! 이 모든 SNS를 하지는 않지만, 24시간이 지난 글에는 댓글을 남기지 않는다. 하루가 지났다는 건 그만큼 상대방도 댓글을 달 감흥이 떨어졌을 수도 있기 때문이다. 내가 일을 하면서 고집을 피우는 일들이 몇 가지 있다.

첫째, 오는 전화는 무조건 다 받는다.
둘째, 카톡이나 문자는 보는 순간 바로 답한다.

셋째, 내가 아직도 일하고 있음을 사람들에게 알린다.

넷째, 나는 나를 마케팅한다.

나는 보험이라는 보이지 않는 상품을 나를 마케팅해서 영업을 하는 전문보험설계사이다. 세상의 모든 일은 영업이다.

몇 해 전, 보험 가입시킨 지 얼마 지나지 않아 고객으로부터 문자를 한 통 받은 적이 있다.

'아이들 보험 두 개나 가입했는데, 선물 같은 거 없나요?'

'어떤 선물을 말씀하시는 건지…'

'하다못해 고무장갑이라도 줘야 하는 거 아닌가요?'

'아~ 알겠습니다. 제가 미처 생각을 못 했네요. 준비해서 보내드릴게 요.'

출근길 고객의 문자는 나를 당황하게 했다.

큰 계약을 했음에도 본인이 필요에 의해 가입한 거니 설계사에게 감사해하는 고객이 있는가 하면, 본인이 필요에 의해 가입해 놓고 설계사를 도와줬다는 생각에 선물(?) 같은 걸 바라는 사람도 있다. 아이들 실비 3만 원짜리 두 건 가입한 고객이었는데, 나에게는 살짝 충격이었다.

그날 오후 바로 보험 용품 파는 가게로 가서 비닐팩이며, 위생장갑이며 한 박스 가득 채워서 택배를 보냈던 기억이 있다. 물론 고객들이 보험을 가입해 줘서 그 수당으로 먹고사는 게 내 직업임은 맞다. 하지만 그걸로 내가 너 입에 풀칠할 수 있게 해 줬으니 나한테 선물 하나쯤은 해 줘야 하는 거 아니냐?라는 식의 돌직구는 내가 영업을 하면서 듣도 보도 못한 일이었다. 그런데 되돌아보니 내 주변에 이런 사람이 처음이어서 내가 좀 당황했지만 다른 설계사들에게는 종종 있었던 일이었다. 나의 기존 고객들도 그런 마음이었을 텐데, 들어내 놓고 표현을 못 했을 수도 있겠다는 생각이 들었다. 표현하고 안 하고는 한 끗 차이인데 말이다. 톡 까놓고 이야기를 해보자.

그럼 나중에 크게 아파서 암 진단금이라도 받으면 설계사한테 나눠 줄 것인가? 설계사를 만나서 커피 한 잔, 밥 한 끼 할 때마다 더치페이를 할 것인가? 어차피 장기간 함께 해야 하는 관계라면 굳이 그걸 말로 하지 않아도 눈치 있는 설계사라면 알 것이다. 내가 지갑을 열어야 할 때가 언제인지 말이다.

보험은 누구를 위해 가입하는 것인가?

피보험자 주체를 위한 것인가? 설계사를 위한 것인가?

만약 내가 지금 가입하고자 하는 이 보험이 후자 쪽이라면 그 보험은 휴지 조각이나 다름없다. 언제 해지되거나 실효될지 모르는 종잇조각. 보험이란 내가 필요에 의해 가입해야 유지도 잘되고, 금전적으로 힘든 일이 닥쳐도 이것만은 유지하려고 조금이나마 노력을 한다. 그래야지 보험 가입의 의미도 극대화된다.

갑과 을, 고용주와 고용인 이런 수직적인 관계는 따분하다. 나는 사람들이 사는 세상 속에 존재한다. 내가 하나를 주었다고, 꼭 하나를 받아야 하는 게 아니듯 설계사에게 보험 하나 들어줬으니 이 설계사한테 뭘 하나 받아야 한다고 생각한다면 그건 처음부터 잘못 끼워진 단추이다. 말하지 않아도 안다. 이 사람이 얼마나 고마운 사람인지…. 상담을 하다 보면 별의별 사람이 다 있다. 아무것도 아닌 일에 감동을 하는 사람이 있는가 하면, 으레 커피랑 밥은 설계사가 사는 거라고 단정 짓는 사람이 있다.

나는 항상 약속 시간보다 5분 정도 일찍 도착하려고 한다. 우리 일이 시간이 생명인지라 좀 늦을 것 같으면 미리 문자를 보낸다. 약속 시간 다 되어서 왜 안 오냐고 나에게 전화 오게 만드는 일은 없다. 내가 감동했던 고객은 뜻밖에도 더운 여름날 나에게 시원한 커피를 사 준 고객이었다.

어느 날 약속 장소로 가고 있는데 계약을 하기로 한 고객에게서 카톡이 왔다. 약속 시간이 아직 남아 있었다.

'저 도착했어요. 어디쯤이세요?'

'일찍 오셨네요. 거의 다 와가요.'

'그럼 음료 주문하세요. 시켜 놓을게요.'

'제가 살게요. 조금만 기다려주세요^^'

'오늘은 제가 살게요. 드시고 싶은 거 말씀하세요.'

고객이 이렇게 묻는데,

"저는 프라프치노 크림추가해서요."라고 자기 취향대로 말하는 강심장의 설계사는 없다. 이 정도 되면

'아메리카노.'가 정답이다.

계약을 해 주는 것도 감사한데, 일찍 도착해서 커피도 사 주겠다고 하는, 마음이 이쁜 고객은 내가 그 커피숍에서 아이스 아메리카노를 마실 때마다 생각이 났다. 지금도 든든한 나의 고객님 유진복 씨.

이 일을 하면서 많은 사람들을 만났고, 앞으로도 만날 것이다. 하지만 가입했던 고객들을 매달 일일이 찾아뵙진 못한다. 보상 건이라도 있으면 찾아가서 얼굴이라도 한번 보는데, 타 지역에 있으면서 병원 한번 안 가는 고객들은 정말 몇 년이 지나도 얼굴 한 번 보기, 전화 통화 한 번 하기도 힘들다. 그래서 내가 선택한 방법이 모바일 커피 쿠폰이다. 매월 1일 생각나는 고객들에게 커피 쿠폰을 보낸다. 가입한 지 1년, 2년 해당 월에 보내기도 하고, 문득 그 고객이 생각나는 일이 있는 날이면 안부도 전할 겸 카톡으로 선물 보내기를 한다. 그러면 너무 기뻐하며

이모티콘까지 띄워가며 좋아하는 고객도 있고, 감사하다고 나에게 또다른 커피 쿠폰을 보내주는 고객들도 있다. 내가 영업적으로 하나를 주었으니깐. 하나를 받아야 한다고 생각한다면 일어날 수 없는 일들이다. 내가 찾아뵙지 못하니깐, 나는 하나를 주었는데, 고객은 신경 써줘서 감사하다고 또 하나를 내어준다. 이런 소소한 일에서 나는 사람 사는 정을 느낀다.

전화벨이 울렸다. 옆 동에 사는 미란이다.
"언니 어디에요?"
"퇴근하고 집에 가는 길."
"그럼 아파트 도착하면 전화해요. 고구마튀김 좀 했는데, 저녁에 애들이랑 먹어요."
"응. 고마워 미란아. 가서 전화할게."

"언니 퇴근했어요?"
"아니. 아직 사무실."
"아~ 천혜향 선물 받았는데. 많아서 좀 나눠 주려고요. 예원이 집에 있어요?"
"응. 예원이는 집에 있지."
"그럼 지금 갖다 주고 올게요."
"에고. 고마워. 잘 먹을게. 은주야."

"지현 씨, 집 주소 좀 불러봐요."
"왜요? 무슨 일 있어요?"
"아니, 주말에 시댁에서 고구마를 가져왔는데 너무 많아서… 택배로 보낼 테니깐 애들이랑 먹어요."

"아니에요…. 언니 드셔요."

"아냐 지현 씨 먹어. 우리 어머님네 호박 고구마가 엄청 맛있어. 얼른 주소 문자로 찍어줘요."

"네. 잘 먹을게요. 언니."

"와. 언니 곶감 너무 이쁘게 깎아 놓으셨네요."

"말도 마. 우리 집 양반이 주말 내내 깎아서 저렇게 널어놨어. 꼴도 보기 싫어 죽겠네."

"이쁜데, 왜 꼴도 보기 싫어요. 너무 이뻐요. 이런 거 처음 봤어요."

"곶감 좋아하면 몇 개 좀 가져가. 우리 집은 먹지도 않는데, 많이도 사서 깎아 놨네."

곶감 좋아하는 예원이가 생각났다. 창밖으로 눈이 펑펑 내리는 어느 날 베란다에 널어놓은 곶감이 너무 이뻐 사진을 찍고 있자니 마음이 따뜻해져 왔다.

옆 동에 사는 미란이, 같은 라인에 사는 은주, 청주에 사는 혜정 언니, 천안에 사는 영옥 언니, 우리 동네, 내 주변 사람들 이야기이다. 이들이 나를 설계사로만 대했다면 먹을 것 하나 나눠줬을까? 당연히 받아야 한다고만 생각했을 것이다. 이들이 나를 설계사 이상으로 주변의 언니, 동생, 이웃으로 생각했기 때문에 나도 이들에게 더 잘하려고 노력하는 중이다.

우리 일은 마음이 먼저다. 되돌려 받으려고 나눠주지 마라. 바보가 아닌 이상 눈치챈다. 내가 그들에게 진심으로 대했을 때, 그들도 나를 설계사가 아니라 사람 김지현으로, 더불어 살아가는 이웃 같은 김지현으로 대할 것이다. 창밖으로 흩날리는 눈을 보니 곶감을 나눠줬던 영옥 언니가 생각난다. 내일은 언니를 찾아가 따뜻한 커피 한잔 해야겠다.

상처받지 않는 마음

"지현 씨 통화 괜찮아?"

"네, 언니 말씀하세요."

"미안한데, 지난달에 우리 아들 보험 가입했던 거…. 해지해야 할 것 같아."

"어머? 왜요? 언니…. 그거 아들 취직했다고 고민 고민하다가 가입한 거잖아요."

"그렇게 됐어. 미안해."

"아니요…. 언니. 저한테 미안해하지 않으셔도 되는데, 한 달 보험료가 아깝잖아요. 이거 가입한 지 30일도 지나서 청약철회도 안 되고…. 무슨 일 있으세요?"

"할 수 없지. 아들 친구가 보험회사에 취직했다나 봐. 그 녀석이 이거 해지하고 친구한테 들어준다는데. 내가 별수 있나? 돈 내는 사람 마음 인 거지."

"아이고~ 그러셨구나. 아들 친구분은 어느 보험회사래요?"

"몰라. 이거 증권 보더니 안 좋다고 아들 꼬셨나 봐."

"그럼 어쩔 수 없는 건데. 제가 설계해 놓은 대로 보고 잘해 달라고 해요."

"알았어. 괜히 바쁜 사람 고생만 시켰네. 다음에 내가 점심 한번 살 게."

"괜찮아요. 언니. 다음에 연락 주세요."

지난달 가입했던 고객의 전화다. 아들이 대학 졸업하고 취직해 놓고 몇 달을 흥청망청 쓰는 게 신경 쓰였던지 보장성 보험과 저축성 보험을 함께 제안했는데, 운이 좋게 두 건 다 체결이 되었다. 하지만 한 달이 지나고 두 번째 보험료를 내기도 전에 이걸 해지해야겠다는 연락이 왔다. 마음은 아프지만 어쩌겠는가? 해지하지 말라고 바짓가랑이를 잡을 수 없다면 쿨하게 보내주고 다음을 기약하는 게 맞다.

이건 내가 10년을 일하면서 깨달은 것이다. 다른 설계사가 가입시킨 증권을 보고 절대로

"어? 설계를 왜 이렇게 했지?"

라고 이건 이래서 안 좋고, 이건 이래서 안 좋다고 토 달지 말았으면 한다. 그건 같은 일을 하는 사람들끼리 매너이다. 분명 그 시절에는 그 보험이 그 회사에서 제일 좋은 것이었다. 시간이 흐르고 보험이 발전하다 보니 더 좋은 보험이 나온 거지 무조건 안 좋다고 깨지 말았으면 좋겠다.

우정 찾아 한 달 냈던 보험료 60만 원 아깝지 않아 가는 고객을 내가 무슨 수로 잡을 수 있겠는가? 이런 사람은 보내주는 게 맞다. 그리고 내 마음 상처받지 않게 빨리 홀홀 털고 일어나야 한다.

"지현 씨 바빠요?"

"아뇨. 통화 괜찮아요. 오랜만이에요. 사모님. 잘 지내셨죠?"

"네…. 저야 잘 지내죠. 사진 보니깐 아이들이 많이 큰 것 같던데. 우리 안 본 지 오래됐죠?"

"네…. 한참 됐죠…. 사모님 함양 내려가고 나서는 한 번도 못 뵀으니깐, 2~3년은 된 것 같은데요?"

"그러게요. 내려오니깐 천안 갈 일이 없네."

"점심은 드셨어요? 무슨 일 있으신 거예요?"

"아이고. 내 정신 좀 봐. 누구 좀 소개해 주려고…."

"어머? 그래요? 저 사모님 뵈러 함양 가야 하는 거예요?"

"아니에요. 천안 사람이에요. 천안에서 교회 같이 다니던 사람인데…. 오랜만에 통화하다가 보험 이야기가 나와서…. 지현 씨 생각이 나더라고…. 전화번호 알려줄 테니깐 전화 한번 해봐요."

"오랜만에 연락 주셔서, 기쁜 소식 전해 주시네요. 감사합니다."

"그래요. 지현 씨만큼 믿을 만한 사람이 없어서…. 잘 한번 해봐요."

"네. 통화하고 결과 보고드릴게요."

신입 시절 열정 넘치게 일할 때 개척으로 알게 된 고객님의 전화다. 내 고객 중 첫 번째 암 환자기도 하다. 뜨거운 여름날 꽃무늬 양산을 쓰고 지나가던 그녀는 내가 건네준 전단지 한 장을 받아 들고 다음 날 연락이 왔다. 만 원짜리 운전자 보험 하나 가입하고 싶다고…. 그렇게 인연이 되어 그분은 옛날 구닥다리 보험 하나를 해지하고 종합형으로 실비를 가입했다. 그리고 다음 해 여름의 문턱에서 연락이 왔다.

"지현 씨. 내가 병원에 다녀왔는데, 유방암이래요. 내가 가입한 보험에서 돈 나오죠?"

순간 심장이 철렁 내려앉았다. 며칠 전까지만 해도 소녀같이 입을 가리고 웃으며 마주 앉아 차를 마셨던 분이 암이라니…. 그날 저녁 머리가 또 복잡해졌다.

가입한 지 1년이 안 된 것 같은데….

암 진단금이 2,000만 원이었나? 3,000만 원이었나?

콩닥거리는 심장 때문에 잠을 설치고 출근하자마자 가입일자를 확인했다.

휴~~ 가입한 지 1년하고도 딱 3일이 지났다. 진단금 100% 나가는 데는 문제 없을 것이다. 그렇게 처음으로 암 진단금을 받아 드렸던 고객님은 천안에서 수술을 하고 얼마 지나지 않아 고향인 함양으로 내려가서 전원생활을 하셨다. 가끔 안부 전화드리고 보상 건이 있으면 우편으로 받고 그렇게 연락을 주고받으며 지내던 터였다.

사모님의 소개를 받고 고객을 만나러 갔다. 현재 가지고 있는 증권을 받아들고 이런저런 이야기를 나누던 중 다른 설계사한테 설계 받은 게 있는데, 하도 꼼꼼히 잘 챙겨준다고 해서 나를 만난 것이라고 하셨다. 다른 설계사한테 설계 받은 것 좀 볼 수 있냐고 여쭤보니 선뜻 보여주신다. 가지고 오는 종이가 멀리서 봐도 M사인 게 눈에 딱 들어왔다. 가입 제안서 맨 밑에는 아는 이름이 적혀있었다. 같은 사무실, 같은 팀에서 일하는 언니였다. 돌아오는 길에 머릿속이 또 복잡해졌다.

이 계약을 받아? 말아? 그 언니가 나중에 알아서 기분 나쁜 일이라면 미리 말하는 게 낫겠다 싶어 어렵게 이야기를 꺼냈더니, 그 고객은 오래된 언니 지인이고 상담까지 다 끝낸 건이고 사인만 하면 되니 절대 양보할 수 없다고 했다. 합의점을 찾아보자고 꺼낸 이야기가 큰 소리로 나를 다그치는 언니 덕분에 선배 계약 뺏는 못된 후배 꼴이 되어버렸다. 선택은 고객이 하는 거지만, 내가 끼어들지 않았으면 좋겠다는 충고도 했다. 한 집 안에서 아옹다옹 싸워봤자 밖에서 보는 사람들은 우리 직업을 우습게 여길 게 뻔했다. 알았노라 하고 마무리 짓고 소개해준 고객님께 사실대로 말씀드렸다.

"사모님 소개해 주셔서 감사한데, 그분이 우리 사무실 선배랑 오래된 지인이더라고요."

"아는 사람이 M사에 있다곤 이야기 들었어요. 지현 씨랑 같은 사무실인 줄은 몰랐네."

"네⋯. 세상 좁죠? 제가 이 계약을 어떻게 받아요? 두 사람 사이 갈라 놓는 게 뻔한데⋯."

"그래도 나는 지현 씨가 맡아서 해 줬을 좋겠다 싶어 소개해 준 건데…. 그 동생도 지현 씨한테 하기로 했고."

"저도 그러고 싶지만…. 저희도 상도라는 게 있잖아요. 이건 제가 받아서는 안 되는 계약인 것 같아요. 사모님 멀리서 소개해 주셨는데 죄송해서 어떡해요?"

"에고. 그러게…. 내가 바쁜 사람 귀찮게 했네."

"아니에요…. 사모님 마음 알아요. 그것만으로도 전 충분해요."

롤러코스터를 탄 기분이었다. 소개를 받아서 좋았고 고객이 겹쳐서 마음이 불편했는데, 그래도 나를 믿어준 고객이 있어 감사했고, 같은 사무실에서 큰소리 나는 게 싫어 포기했지만 결국 고객의 선택은 나였다는 걸 아는 순간 계약은 물 건너갔지만 내가 진 게 아니라는 생각이 들었다.

사회생활을 하면서 나에게 상처가 되었던 말들은

"서운하게 듣지 말고 …. 다 너 생각해서 하는 말이야."

"기분 나쁘게 듣지 말고…. 사실은 그 사람이 이랬다고 하더라."

이런 말들이었다.

대화법이 직설적인 나에게 이런 화법은 뒤통수 치는 말들이었다.

말하는 사람은 분명히 알고 있다. 본인이 그 말을 함으로써 상대방이 서운해하고, 기분 나빠할 수도 있다는 걸 말이다. 그걸 알면서도 상대방을 위하는 척, 섭섭해하지 말라는 둥. 기분 나빠하지 말라는 둥 복선을 깔고 이야기를 시작한다. 내가 겪어봤는데, 그런 이야기들은 들으면 100% 기분 나쁘고 서운했다. 정작 본인 마음 편하자고 상대방 마음쯤은 어찌 되든 상관없다는 건가? 그럴 바에는 차라리 내가 입을 다무는 게 상대방을 위한 배려라고 생각한다. 당신이 하는 말 한마디에 밤에

잠 못 잘 수도 있는 다른 사람들은 생각한다면….

지금까지 나에게 설계 의뢰를 했던 고객들이 전부 다 계약을 했다면 나는 벤츠를 타고 다니며 서울 어딘가에 건물을 가진 건물주가 되어 있었을 것이다. 하지만 불행하게도 그런 일은 일어나지 않았다. 왜냐?

무수히 많은 거절이 있었기 때문이다.

견적을 받아놓고도

"좀 더 알아볼게요."

"신랑이 싫다고 하네요."

"다른 데는 더 저렴하던데…."

"제가 가입하기에는 금액이 좀 부담되어서…."

"와이프 친구가 보험 한다고 그쪽에다가 하자고 하네요."

등등의 말을 한다.

별의별 사연으로 많은 사람들이 나와 인연을 맺지 못했다. 그 사연들 하나하나에 내가 상처받고 주저앉았다면 나는 여기까지 오지 못했을 것이다. 설계사라는 직업은 하루아침에 빛이 나거나 성공을 거두는 직업이 아니다. 누가 오래 살아남느냐가 훗날 나를 평가하는 잣대가 될 것이다. 이 직업을 시작하려는 사람이 있다면 꼭 이야기해 주고 싶다.

아무나 시작은 할 수 있는 일이지만, 누구나 오래 할 수 있는 일은 아니라고….

아무나가 되지 않으려면 수많은 거절도 나 스스로 이겨낼 수 있어야 한다고.

2000년대 초반 개봉한 부산을 배경으로 한 장동건, 유오성 주연의 영화 '친구'.

내 고향인 부산을 배경으로 찍었던 영화라서 애착이 갔고, 거기에 배경으로 나왔던 곱창골목이 내가 살았던 문현동이라 그 영화의 성공을 바랐던 적이 있었다. 내 바람 이상으로 그 영화는 흥행을 뛰어넘어 대박이 났다.

이후 그 영화를 패러디하는 개그도 많이 나왔고, 20년이 다 되어가는 지금도 몇몇 대사는 우리들 사이에서 써먹어도 전혀 시대에 뒤처짐이 없다.

"내가 니 시다바리가?"

"많이 먹었다 아이가, 고마해라."

"니가 가라. 하와이."

등등 무수히 많지만 내가 꼽는 명대사는 따로 있다.

선생님이 교실에서 유오성의 뺨을 때리며

"느그 아부지 머 하시노?"

"건달인데예."

"느그 아부지 머 하시냐고?"

"건달인데예."

느그 아부지 머하시노? 느그 어무니 머하시노? 이 말이 영화와 오버랩되어 가끔 내 일상에서 툭 튀어나올 때가 있다. 살아가면서 우리는 종종 부모님이 뭐 하시는지 질문을 받는다. 시댁에 처음 인사 갔을 때도 부모님이 뭐 하시는 물으셨고, 면접 볼 때도 부모님이 뭐 하시는 면접관이 물어봤었다. 결혼을 하고 내가 독립적으로 벗어났을 때, 부모님의 영향력보다는 내 능력으로 살아갈 수 있을 때 그 질문은 차츰 사라졌던 것 같다. 부모님이 뭐 하시는지 물어보는 게 살아온 환경이나 이 사람의 경제적 능력을 가늠할 수 있는 잣대인가?

예원이가 학교생활을 하면서 친구 소개를 하는데 부모님 이야기를 한 적이 있다.

"엄마, 예린이 아빠 의사래요"

"그래? 예린이 아버님 학교 다닐 때 공부 열심히 하셨나 보다. 그런데 그건 어떻게 알았어?"

"예린이가 친구들한테 이야기해 줬어요. 아빠 대학병원 다니는 의사 선생님이라고."

"엄마, 지난번에 길에서 본 경화 있잖아요. 그 친구 아빠랑 엄마가 학원 한대요."

"그래? 어디서 하시는데?"

"저기 길 건너 아파트 상가에서요."

"그렇구나. 그럼 경화는 엄마 아빠가 선생님이면 공부 잘하겠네."

"꼭 그런 건 아닌 것 같아요."

의사 선생님이나 학원 원장님께 견줄 정도는 아니지만 딸아이 역시 엄마가 하는 일에 대해 자부심을 가지고 있다. 유치원에 갓 입학했던 예원이가 나의 직업에 대해 물은 적이 있다.

"예원이는 커서 뭐가 될 거야?"

"나는 집 짓는 건축가도 되고 싶고, 맛있는 음식 만드는 요리사도 되고 싶고…"

"건축가도 멋있고, 요리사도 좋겠다. 엄마한테 매일 맛있는 거 해 주겠네."

"근데, 엄마, 엄마는 엄마예요?"

"그게 무슨 말이야?"

내가 혹시 계모인가? 얘가 계모를 아나? 싶어 다시 물으니

"엄마는 커서 엄마가 된 거예요? 그게 엄마 직업이에요?"

"아~ 엄마는 커서 예원이 엄마도 됐지만, 엄마 직업은 '보험설계사'야"

"보험설계사요? 그건 무슨 일을 하는 거예요?"

예원이는 그전까지 한 번도 엄마가 하는 일에 대해 궁금해 하지 않았다. 그렇지만 내가 하는 일이 어떤 일인지, 왜 매일 엄마가 그렇게 열심히 출근을 하고, 손에서 휴대폰을 놓지 못하는지 딸아이에게 한 번은 솔직하게 이야기를 해 주고 싶었다.

"음…. 보험설계사는 하는 일이 엄청 많아. 예원아. 잘 들어봐. 우리가 살아가면서 좋은 일만 있으면 좋겠지만, 슬픈 일이 생길 수도 있거든. 가령 가족 중에 누가 아프다든지. 사고로 하늘나라로 간다든지…. 그런 일이 생겼을 때 엄마는 도와주는 사람이야."

딸아이가 눈을 동그랗게 뜨고 쳐다본다.

"엄마가 그럼 의사 선생님 같은 거예요?"

"아니. 의사 선생님은 아니고… 그런 힘든 일이 생길 걸 대비해서 사람들은 '보험'이라는 걸 가입하거든. 그걸 미리 가입해 놨다가 힘든 일이 생겼을 때 짠! 하고 꺼내보면, 남아있는 가족들에게 힘이 되는 '보물' 같은 거란다. 그래서 이 일은 그 사람을 사랑하는 마음으로 진심으로 해야 하는 거야. 엄마는 그런 일을 하는 사람이야."

"우와~ 엄마는 마법사 같은 대단한 사람이네요."

"그래! 엄마는 마법사 같은 멋진 일을 하는 사람이란다."

그 뒤로 예원이는 엄마가 보험 설계사라고 당당하게 이야기하고 다녔다. 엄마가 하는 일은 멋진 일이고, 다른 사람에게 도움을 주는 일이라는 걸 어릴 때부터 옆에서 보고 자라왔다.

어느 날 모르는 번호로 전화가 한 통 왔다.

"여보세요?"

"여보세요? 정예원 어머님이시죠?"

딸아이 이름을 대는 걸 보니 학습지나 학원 상담 전화려니 생각했다.

"네…"

"기억하실지는 모르겠는데, 지난번 1학년 1반 모임 때 뵀던 이지영 엄마예요."

"아…. 네…"

지영이가 누구였지? 반 모임 때 만났다고? 학생 수 30명에 29명 참석했던 아이들 엄마 중 누구일까?

예원이가 초등학교에 입학하고 처음에 반 모임을 두 번 참석하고는 학교 행사에 나가지 않았다. 나는 다른 직장맘들에 비해 시간이 자유로워 일부러 시간 내어 나간 자리였지만 만나서 수다 떨고 식사하고 차 마시는 게 다였다. 엄마들의 수다 타임에 서너 시간 앉아 있을 수가 없어 포기했던 모임이었다. 아이들 학교생활은 예원이를 통해 듣는 게 더 정확했다. 그런데 그 모임에서 만난 누군가가 전화를 해왔다. 예원이가 학교에서 사고라도 쳤나? 하는 생각이 들었지만, 내색하지 않고 때마침 기억이 난 척 목소리를 가다듬고 연기를 했다.

"아~ 지영이 어머님. 어쩐 일이세요?"

"네. 지영이한테 이야기 들었는데, 보험하신다고 들었어요."

"네… 맞아요. 예원이가 지영이한테까지 이야기했나 보네요."

내가 무얼 하는지 알고 전화를 한 상대방을 나는 정작 기억조차 못 하니 얼굴이 화끈거렸다.

"그래서 말인데, 저희 집 보험 좀 봐 주실 수 있으세요? 이사 오고 아 는 사람이 없어서요…. 예전에 들었났던 건데, 설계사도 그만두고 물어 볼 데가 없네요."

"아~~ 그러세요?"

"예원이가 엄마 자랑을 많이 한다고 들었어요. 잘 나가는 분이시라 고…."

"에고~ 아니에요. 부끄럽습니다."

"예원이 어머님 시간 되실 때 연락 주세요. 저희 집에 오셔도 되고, 밖 에서 차 한잔 마셔도 되고…."

"네. 알겠습니다. 제가 스케줄 잡아서 연락드릴게요. 먼저 연락 주셔 서 감사해요."

이번 주 스케줄은 내 기억에 몇 개 안 될 정도로 널널했지만 적당히 바쁜 척을 했다.

전화를 끊고 가슴이 뭉클해왔다.

보험에서 소개란 아무에게나 해 줄 수 있는 게 아니다. 설계사에 대 한 믿음과 신뢰가 있어야지 내 주변의 분들을 감히 소개라는 명목으로 인연이 닿을 수 있게 내어주는 자리이다. 그런데 내가 딸한테 소개를 받았다. 나에게 보험 하나 가입한 적 없는 딸아이한테 소개를 받으니 기분이 묘해졌다. 집에 와서 사전조사를 한답시고 지영이에 대해 이것 저것 물어봤던 기억이 있다.

나는 내가 하는 일을 숨기고 싶거나 내 직업이 떳떳지 못한 적은 없었다. 다만 내 직업을 알고 나를 불편해하는 사람들은 간혹 있었다. 하지만 10년이라는 세월 동안 내가 먼저"보험 하나 들어주세요."라고 해 본 적은 없었다. 좋은 상품이 있을 때 안내를 해 줬고, 하고 안 하고는 각자의 몫이었다. 그들에게서 상처를 받은 적도 없었고, 그들에게 내가 피해를 줄 생각도 없었다. 누가 우리 아이들에게

"느그 어무니 머하시노?"라고 물었을 때

"우리 엄마는 보험 설계사예요."라고 자랑스럽게 말할 수 있었으면 좋겠다.

네모난 침대에서 일어나 눈을 떠 보면

네모난 창문으로 보이는 똑같은 풍경

네모난 문을 열고 네모난 테이블에 앉아

네모난 조간신문 본 뒤

네모난 책가방에 네모난 책들을 넣고

네모난 버스를 타고 네모난 건물 지나

네모난 학교에 들어서면

또 네모난 교실 네모난 칠판과 책상들

네모난 오디오 네모난 컴퓨터 TV

네모난 달력에 그려진 꼭 같은 하루를

의식도 못한 채로 그냥 숨만 쉬고 있는 걸

주위를 둘러보면 모두 네모난 것들뿐인데

우린 언제나 듣지 잘난 어른의 멋진 이 말

'세상은 둥글게 살아야 해'

지구본을 보면 우리 사는 지군 둥근데

부속품들은 왜 다 온통 네모난 건지 몰라

어쩌면 그건 네모의 꿈일지 몰라

　　고등학교 때 학예회 준비를 하면서 배웠던 노래이다. 그때는 내 상황이 노래 가사처럼 딱 들어맞는 것 같았다. 정말 둘러보면 온통 네모난 것뿐이었다. 그런데 얼마 전 3학년이 된 딸아이가 이 노래를 흥얼거리길래 너무 반가운 나머지 이 노래 어디서 배웠냐고 물어본 적이 있다.

선생님이 알려주셨고, 반 친구들끼리 한 구절씩 나누어 거기에 맞는 그림을 그려 동영상을 제작할 거라고 했다.

너무 신기했다. 예원이는 아이돌 가수를 좋아한다. 매일 이어폰을 끼고 노래를 듣고, 유튜브를 틀어놓고 춤 연습도 하고 TV에 나오는 걸그룹 가수들 이름도 술술 외운다. 목소리만 듣고도 그 가수가 누구인지 맞추기도 하고, 나는 알아듣기도 힘든 노래를 곧잘 따라 부르며, 예준이를 아이돌 연습생마냥 동작 하나하나 가르쳐주며 훈련을 시키기도 한다. 음악적으로는 나와 코드가 전혀 다른 예원이가 내가 아는 노래를 부르니 신통방통했다. 그 옛날 예원이 유치원 시절 동요를 함께 부르던 이후 처음 있는 일이었다.

그래서 이 노래에 대해 이야기를 나눈 적이 있는데, 세대 차이를 다시 한 번 느끼는 질문들이었다.

"엄마, 조간신문이 뭐예요?"

"엄마, 테이프는 네모 아니잖아요."

딸아이가 생각하는 테이프는 우리가 뭘 붙일 때 사용하는 것밖에 없으니, 네가 생각하는 그 테이프가 아니라고 설명을 해주고, 핸드폰 검색이 더 익숙한 아이에게 그 시절 모든 소식은 텔레비전 뉴스와 신문으로 접했음을 이야기해줬더니, 나를 아주 조선시대 사람 취급을 한다.

"엄마는 아주 힘든 시절을 살아온 것 같아요."

어릴 때 행복했던 추억이 많다. 초등학교가 아니라 내가 다니던 국민학교에서는 쉬는 시간마다 고무줄 뛰기, 공기놀이, 피구를 했고, 학교 다녀오면 당연히 골목 어귀에서 약속이나 한 것처럼 모여서 동네 아이들이 다 같이 놀았다. 같이 놀 친구가 없으면 친구네 집 앞에 가서 큰 소리로 "민수야~ 노올자~" 하면 민수가 나왔다. 언니, 오빠, 친구, 동생들 우르르 몰려다니며 동네 끝에서 끝까지 술래잡기, 숨바꼭질을 하며 해지는 줄 모르고 놀았던 기억이 있다. 해가 뉘엿뉘엿 지면 보이지도 않는데 어디선가 엄마 목소리가 들린다.

"경아야~. 지현아~. 동완아.~ 밥 먹으러 들어온나"

조금이라도 더 놀고 싶은 욕심에 대답을 안 하고 있으면 소리가 점점 가까워져 온다. 우릴 찾아 이 골목 저 골목 헤매고 돌아다니시는 중일 게다. 컴퓨터 게임을 하지 않아도, 핸드폰을 하지 않아도, TV를 보지 않아도 놀게 무궁무진했다. 지금 생각해보면 그게 뭐가 재밌었을까? 싶지만 그땐 학원도 안 다니고 학교만 다녀오면 노는 게 일상이었다. 이런 나의 어린 시절을 예원이가 부러워하며 이야기했다

"좋았겠다. 엄마는 맨날 놀아서…. 학원도 안 다니고."

"넌 더 좋겠다. 배우고 싶은 거 학원 다 다니고, 핸드폰 게임 맨날 해서"라고 받아쳤지만 딸아이 마음이 어떤지 잘 알기에 마음이 짠해졌다.

예원이가 한글을 깨우칠 무렵부터 냉장고에 적어둔 글귀가 있다.

예원아. 너는 세상을 이렇게 살았으면 좋겠구나.
나쁘다는 걸 알면서도 행했다면 그건 한 번으로 족하다.
똑같은 실수가 두 번이상이라면 그건 반드시 고쳐야 한다.
다른 사람이 모두 YES라고 해도,
네가 아니라면 NO라고 할 수 있는 소신을 가져라.
여자이기 때문에 못 한다는 생각은 하지 말아라.
대통령도 될 수 있고, 네가 원하면 군대도 갈 수 있다.
돈 때문에 네 꿈이 좌절되지 않게 경제적인 능력을 키워라.
엄마, 아빠는 너의 평생 친구이자 스승이란다.

"예원아. 예원이는 커서 뭐가 되고 싶어?"

"나는 건축가도 되고 싶고, 요리사도 되고 싶어요."

"요리사? 왜 요리사가 되고 싶은데?"

"맛있는 음식을 많이 먹어볼 수 있잖아요."

"아~~ 그렇게 생각했구나. 요리사는 맛있는 음식을 많이 먹어 볼 수도 있지만, 그 음식이 맛있게 나오기까지 많은 실패를 해서 어쩌면 맛없는 음식을 더 많이 먹어볼지도 몰라."

"그래요? 그래도 내가 만든 음식을 다른 사람들이 맛있게 먹으면 내 기분이 좋아질 것 같아요."

"그렇지. 엄마도 예원이가 엄마가 해 준 밥 맛있게 먹으면 기분이 좋아지는 것처럼.

그런데, 요리사도 종류가 굉장히 많아. 우리나라 음식을 만드는 한식 요리사도 있고, 중식도 있고, 일식도 있고…."

차츰 설명을 해주니 예원이가 대답한다.

"나는 스파게티를 만드는 요리사가 되고 싶어요. 엄마가 만든 것도 맛있는데, 스파게티를 맛있게 만드는 요리사가 되고 싶어요."

"그래? 그럼 스파게티는 이탈리아 음식이고, 외국 사람들이 예원이 스파게티 먹으러 멀리서 올 수도 있겠다."

"그럼 뭐라고 이야기해야 해요? 엄마, 한국말 하면 안 되죠?"

"한국말 해도 돼. 하지만 그 사람들이 못 알아들을 수 있으니깐, 영어로 이야기하면 더 좋을 수도 있고, 그 나라 사람이 어디서 왔는지 알면 간단히 그 나라 말 해주면 더 좋고"

"아~ 그럼 영어공부를 열심히 해야겠네요."

"그러네. 우리 예원이 이제 영어공부 열심히 해야겠다. 진짜 이탈리아 스파게티 배우려면 이탈리아로 공부하러도 가야겠네."

"진짜 그래도 돼요?"

"그럼~ 하고 싶다는 게 변하지 않는다면 엄마가 도와줄게."

그 뒤로 예원이는 이탈리아라는 나라에 관심을 가지기 시작했고, 잠시 느슨해졌던 영어공부도 열심히 했다. 아이에게 동기부여가 된 날이었다.

내가 보험 일을 하면서 이 직업을 자식들 중 누가 원하고, 할 수만 있다면 물려주고 싶다는 생각을 이야기했을 때 주변 사람들 반응은 한 가지였다.

"미쳤어?"

우리가 아이들 공부시켜서 인 서울 대학을 나오길 희망하는 건 나중에 우리 자식이 '사'자가 들어간 직업을 가지거나 대기업에 취직을 하거나 아님 공무원이 되길 바라는 건 한결같은 마음에서일 것이다. 그렇게 따지고 보면 보험설계사도'사'자가 들어가는 직업이다.

부모들이 선호하는 직업들의 궁극적인 목적도 저런 직업을 가져야지만 소득이 안정적이고 어릴 때 공부 좀 했구나 소릴 들을 수 있으니까…. 직업이 이거밖에 없나? 수천, 수만 가지의 직업 중에 왜 남들이 다 하고 싶어 하는 직업을 가져야만 하는 것일까? 누구나 다 말은 그렇게 한다. 우리 아이가 하고 싶은 일을 했으면 좋겠다고…. 나 역시 예원이 예준이가 하고 싶은 일, 본인들이 즐기면서 할 수 있는 일을 했으면 좋겠다. 그게 돈벌이가 시원찮은 직업이라면 돈벌이가 될 수 있게 방법을 제시해 주는 게 부모님들의 역할이라고 생각한다. 돈이 전부는 아니지만, 꼭 필요한 경제적인 수단임에는 분명하다. 내가 즐기면서, 돈도 벌 수 있다면 그만큼 좋은 직업이 어디에 있을까? 경쟁만 하는 빡빡한 사회에서 조금은 벗어나도 좋을 것 같다. 너희가 하고 싶고, 배우고 싶다면 엄마, 아빠는 언제든지 도와주지만, 너희가 하고 싶지 않은 공부를 억지로 할 필요는 없다. 고등학교 때 누구나 가지고 있던'정석'이라는 수학 책을 고등학교 졸업하고 펼쳐보기는커녕 구경해 본적도 없다. 살다가 꼭 필요하면 그때 배워도 되는 것들이니까.

집안 어르신 중에 자수성가한 분이 계시다. 이분의 인생철학을 들어보면 많이 배우고 닮고 싶다는 생각이 든다. 자주 하시는 말씀이

*남을 속이지 말라.
*당하지 마라.
*조건 없이 베풀어라.

이다.

남을 속이지 않는 것은 세상 살면서 당연한 것이고, 나 자신도 속이지 말라는 것이다.

보통의 사람들은 타인에게 속임을 당했을 경우 다른 사람을 원망하는 경우가 많다. 남을 원망하기 이전에 나를 뒤돌아봐야 한다. 당하지 않으려면 내가 더 지혜로워져야 한다.

잘된 것이 내 탓이고, 잘 못된 것이 남의 탓이라면 발전이 없다. 잘못된 것을 내 탓으로 돌리는 순간 나는 발전을 할 수 있게 된다.

그리고 받을 생각하고 베풀면 그건 진정한 베풂이 아니다. 베풀 때는 정말 받을 생각도 하지 말고 마음으로 베풀어야 진정한 베풂이 실현되는 것이다.

우리 엄마가 나에게 그랬듯이, 이분이 만들고자 하는 세상이 그러하듯이, 너희가 사는 세상은 좀 더 따뜻하고 , 깨끗한 세상이길 바라본다.

예나 지금이나 변함없는 건 지구는 둥글다는 거!

"지현 씨는 고향이 어디세요?"

"부산요."

"부산 사투리 하나도 안 쓰시네요."

"친구들 만나면 쓰기도 해요."

"그럼 결혼하고 남편분 따라 천안으로 오신 거예요?"

"네…. 그렇죠."

"남편분은 천안 사람이세요?"

"아니요. 충남 금산요. 인삼으로 유명한 곳 있죠?"

"어머? 그런데 부산 여자가 충청도 남자를 어떻게 만났어요?"

　내가 처음 외국 가는 비행기를 타본 건 워킹홀리데이로 호주를 갈 때였다. 지금의 남편을 거기서 만났다. 나는 78년생, 신랑은 79년생. 한 살 연하남이었다.

　신랑 중학교 친구 중에 상규, 영기라는 절친들이 있었는데, 그 당시 세 남자들의 공통점이 여자친구들이 78년생이었다는 것이다. 서로는 이름을 부르고, 우리들은 00 씨라고 부르고, 애매한 호칭 관계였는데 우리 세 커플은 그냥 친구를 맺어버렸다. 결혼 전 가끔 만나 트리플 데이트를 즐겼고, 3커플 다 결혼에 성공했다. 요즘도 상규 와이프인 수연이랑은 서로 안부를 주고받으며 친하게 지내고 있다. 그러고 보면 천생연분은 정말 따로 있나 보다. 대한민국에서도 못 만난 인연을 멀리 호주에서 만나고 돌아왔으니 하늘이 맺어준 인연이 틀림없다고 생각하고 덜컥 결혼했다.

주말 저녁 드라마를 보고 있는데 전화벨이 울린다.

대학 동기 동립이의 전화다. 이 시간에 웬일이지? 혹시 누가 돌아가셨나? 수화기 넘어 들리는 그 녀석 목소리는 거나하게 술에 취한 목소리이다.

"여보세요?"

"지현아~ 뭐 하노?"

"어. 동립아~ 이 시간에 웬일이고? 무슨 일 있나?"

"아니…. 보고 싶어서."

"머라카노?"

"진짠데…. 진짜 보고 싶어서 전화한 건데."

헉!! 옆에 신랑도 있는데 이 녀석의 짓궂은 농담이 수화기 너머로 들릴까 봐 자리를 옮겨 안방으로 들어갔다.

"왜? 뭔 일 있나? 술 좀 먹은 것 같은데…. 무슨 일인데?"

"잠시만…. 누구 바꿔줄게."

응? 누구랑 같이 있나?

전화기 너머로 젊은 아가씨 목소리가 들려온다.

"여보세요?"

"여보세요?"

"언니~ 지현이 언니가?"

"누구세요?"

"언니야~ 내다. 혜정이, 권혜정이~"

"권. 혜. 정?"

"어~ 언니야. 내 기억하나?"

그럼, 기억하다마다.

추억을 곱씹으며 10분 넘게 이런저런 얘기를 나누고 생각해보니 신기하기 짝이 없다.

97학번 공업경영과 김지현.

60명 중에 여자 13명.

남자들이 월등히 많았었지만, 지금 연락하고 지내는 남자 동기는 딱 2명밖에 없다. 그중 한 명이 동립이였다. 눈이 작았고, 크지 않은 키에 20살이였지만 눈가에 주름도 있었다. 동립이는 항상 실실 웃고 다녔다. 예나 지금이나 변함없이 항상 앞이 보이지 않을 정도로 실눈을 뜨고 웃어준다. 이 친구가 화를 내거나 소릴 지르거나 한 걸 본 적이 없다. 크게 미운 구석 없이 기가 센 여자 동기들의 등쌀에 살아남아, 아직 함께하고 있는 게 동립이였다. 술이 세지 않았던 걸로 기억하는데… 마지막으로 본 게 언제였더라?

대학 졸업하고 첫 직장.

호주 가기 전 카드사 콜센터에서 3년을 일했다. 그 당시 일반 회사에 경리로 일하는 것보다 콜센터에서 일을 하면 월급을 많이 벌 수 있다고 해서 나름 대기업에 취직을 했다. 그때 같은 팀 동생이였던 혜정이. 키가 컸고, 언니가 많은 집 막내딸. 여동생이 없던 날 언니 대접하며 잘 따랐던 걸로 기억한다. 언제부터인지 모르겠지만, 혜정이랑은 한동안 친하게 붙어 다녔었고, 호주 다녀온 뒤로도 간혹 만났었고, 결혼하고 멀리 시집을 와서 소식은 뜸해졌지만 언제든 연락을 하고자 하면 만날 수 있는 사이였다.

그런데 둘이 함께 있다.

둘 다 적잖은 나이에 오늘 소개팅을 했다고 한다. 집이 어디예요? 무슨 일 하세요? 예전에 뭐 하셨어요?

흔한 질문들 속에 이들도 퍼즐을 맞추듯 "김지현"이란 이름을 찾아낸 것이 대단하다. 둘의 교집합 속에 찾아낸 지현이가 그 지현이가 맞는지 확인차 전화를 했다고 한다. 전화를 끊고 TV를 보는데 남은 드라마가 눈에 들어오지도 않는다. 그리고 이리저리 흩어졌던 기억들을 끼워 맞춰본다.

내 기억도 어느 정도 정리가 되어갈 때쯤 뇌리를 스치는 사건이 있어 나는 다시 전화를 걸었다.

"근데, 그거 아나? 내 기억에는 내가 너네 둘이 소개팅해 줬던 것 같은데…?"

스물넷? 다섯? 살 때쯤 내 기억에 동립이는 모태솔로였고(여자친구 사귀는 걸 본 적 없으니. 그리고 군대 가 있을 때도 과 동기 여자애들에게 편지 좀 써 달라고 사정사정했고, 편지를 써 줬던 대가로 휴가 나온 동립이가 밥도 곧잘 사줬던 걸로 기억한다.) 그 시절 나는 혜정이가 말도 이쁘게 하고 조신하고 천상여자 같아서 둘이 분명 소개팅을 해줬던 것 같았다.

"아~ 그래 지현이 니가 누구 소개팅해줬던 것 같다."
"아~ 언니가 대학동기 소개해준 게 이 사람이었다고?"

어쩐지…. 오늘 처음 만난 자리에서 서로 어디서 보지 않았냐고? 낯이 익다 했더니…. 정말 둘은 구번식이었다. 그리고 너네 둘이 내 결혼식에도 왔잖아. 남편 고향이 금산이라 나는 시골에서 결혼을 했다.

부산에서 출발한 관광버스에 친구들이 모두 한 차에 탔으니 너네 둘

분명히 같은 차 타고 왔을 텐데…?

소개팅을 했던 게 벌써 17년 전 일이니….

그렇게 17년 전에는 눈에도 안 들어오던 사람이 오늘 인연이 되어 주선자는 달라졌지만, 소개팅으로 또 만났으니 이 둘은 천생연분인 걸로!

그 일이 있고 얼마 뒤 부산 가는 길에 이들을 만났다. 연인이 되어있었고, 결혼할 거라고 했다. 배 속에 아기도 있다고 했다.

와우~ 서프라이즈!

돌고 돌아 이렇게도 만나는구나. 다른 공간에서 알고 지낸 두 사람이 인연이 된다는 건 나에겐 신선한 충격이었다.

내가 남편을 만났듯, 동립이가 혜정이를 만났듯, 내가 만난 많은 사람들.

많고 많은 설계사들 중에 나와 인연이 된 사람들. 내가 고객들을 만나 평생을 같이할 인연을 맺은 건 이들과 나는 **천생연분**이기 때문이다. 이런 사람들을 소홀하게 대해서 그들의 기억 속에서 지워지는 사람으로 남고 싶지는 않다. 모든 순간이 고객에게 만족이 될 수는 없다는 걸 잘 안다. 평생을 함께할 사람들에게 어느 한순간만큼은 특별함을 선물하고 싶은 게 내 마음이다. 그들에게 아는 설계사는 몇몇 있을지 모른다. 하지만 김지현이라는 설계사는 다른 설계사와는 다른 특별함으로 오래 기억되길 바라본다. 밤하늘에 반짝이는 별처럼….

수술실 문 앞에 섰다. TV에서 보던 것처럼 수술실로 향하는 복도가 그리 길지는 않았다. 수술실 옆에 보호자 대기실이 있지만, 이곳 역시 드라마틱하게 정적이 흐르지는 않는다. 수술이 끝나길 기다리는 가족들로 대기실은 앉을 자리가 없을 정도로 사람이 넘쳐났다. 수술 들어간 환자, 대기 중인 환자, 수술 시작 시간, 수술 종료 시간 등이 적혀 있는 전광판이 바쁘게 움직이면서 이름이 바뀌었다. 콩나물시루 같은 대기실이 너무 답답해 밖으로 나와 다시 수술실 앞을 서성였다. 저 복도 끝 엘리베이터 앞에서 젊은 부부가 침대를 사이에 두고 걸어온다. 초등학생쯤 되어 보이는 남자아이도 함께 걸어온다. 침대가 가까워지자 누워 있는 어린 여자아이가 보였다. 엄마 손을 꼭 잡고 있다. 아빠는 걸어오는 내내 동영상을 찍고 있었다. 이게 무슨 큰일이라도 되는 양 동영상까지 촬영하는 아빠가 조금은 유난스러워 보였다. 하지만 점점 가까워지면서 나도 모르게 내 귀로 들려오는 대화를 듣고 있으니 이내 코끝이 찡해졌다.

"유나야. 엄마한테 인사해야지."

"싫어."

"유나야 힘내. 금방 끝날 거야."

"나 엄마랑 같이 갈래."

"엄마가 이야기했잖아. 여기서부터는 혼자 가야 한다고…. 수술 끝나고 나오면 엄마, 아빠 여기 있을 테니깐, 수술 잘하고 와."

"유나야. 오빠한테 안녕하고 인사 좀 해봐."

"안녕."

퉁명스럽게 인사를 하고 수술실로 들어가던 침대가 멈췄다. 여자아이가 겁먹은 얼굴을 하고 힘없이 손을 흔든다. 딸을 안아주던 엄마와 눈이 마주쳤다. 나도 모르게 눈물이 주르르 흐르고 있었다. 미안했다. 수술실로 들어가는 딸 앞에서 가족들은 무덤덤하게 인사를 하는데, 나는 주책없이 눈물을 흘렸으니 내 감정이 고스란히 전해졌을까 봐 고개를 돌려 눈물을 닦았다.

어린아이가 어디가 아파서 온지는 모르겠지만, 7살쯤 되어 보이는 여자아이가 수술실에 들어갔고 평일임에도 온 가족이 온 걸 보면 오빠는 학교를 빠졌을 것이고, 아빠는 회사에 월차라도 내고 온 모양이다. 여자아이가 수술실로 들어가고 문 앞에 서 있던 남겨진 가족들의 뒷모습이 세상 그 어떤 드라마보다도 나는 슬펐다.

얼마 전 내가 처음 수술실 문 앞에서 접한 광경이다. 대학병원 수술실 하면 떠오르는 장면이다. 그 아이가 무슨 수술을 받았는지, 수술 후 어떻게 되었는지는 알지 못한다. 하지만 나에게는 선명한 사진 한 장처럼 누군가가 수술을 한다고 하면 번번이 그 장면이 떠오른다.

우리 할아버지, 할머니는 암으로 돌아가셨다. 시아버지도 신랑이 어렸을 때 갑자기 돌아가셨다고 했다. 가족력이라는 걸 무시할 수 없기에 아빠의 건강이 걱정되기도 하고, 가끔 술 마시고 들어와 실컷 코를 골던 신랑의 숨이 멈추면 잠이 확 깨기도 한다. 그러면서도 한편으론 우리 가족에게 그런 일은 일어나지 않을 거라는 희망(?) 속에 하루하루를 살고 있다. 일어나지 않을 거라 생각했던 일들을 무수히도 많이 접하는 일이 우리 일이다.

일을 하면서 지인뿐만 아니라 고객분들의 애경사도 많이 접하게 되었다. 다른 사람은 몰라도 내 고객이라면 나에게는 무조건 알려야 하는 진실게임. 기쁜 일보다는 슬픈 소식을 더 많이 접해야 했다. 처음에는 그런 일들에 마음이 무겁고 우울해지기까지 했다.

"신랑이 교통사고가 났는데, 어떻게 해야 할지 모르겠어요."

"며칠 전부터 심장이 자꾸 두근거리는데 어느 병원을 가야 하죠?"

"아이가 놀다가 떨어져서 응급실 가는 길인데, 서류는 뭐가 필요해요?"

하루에도 몇 번씩 이런 이야기들을 접하다 보니 건강검진하다가 용종을 제거했다든지, 냉동실에 얼려둔 떡이 떨어져 발가락에 실금이 간 이야기는 허허 웃어넘기는 에피소드에 불과했다.

이런 일들을 대비해서 보험을 들어놨으니, 그런 일이 생겼을 때 보험이라도 있으면 도움이 된다는 걸 확실히 알고 있다.

침대에 부딪혀 새끼발가락에 실금이 갔던 고객님은 골절진단비 100만 원에 견딜 만한 고통이라고 행복해하셨고, 800만 원이 넘는 수술비를 병원비 다 나오냐며 걱정하셨던 고객님은 100% 실비를 가지고 있어서 병원비는 물론 입원 일당과 7대 질병 수술비로 200만 원 더 받으셨다. 유방암에 걸렸던 어머님은 수술 후 요양병원에서의 치료비도 전액 보험으로 처리받으셨고, 공원에서 놀다가 자전거를 타고 가던 자녀가 꼬마 아이와 부딪혀 머리에 피가 나고 구급차가 와서 대학병원으로 옮겼을 때도 도움을 준 건 보험이었다. 보험은 이렇게 우리가 하루하루 살아가는 생활 속에 깊이 관여되어있다. 그 누구를 만나 10분만 이야기를 해봐도 보험을 벗어나는 일들은 거의 없었다.

고객들은 무슨 일이 생기면 설계사부터 찾는다. 병원 다녀오고 보험금 청구 시 필요 서류 물어보는 건 당연한 일이고, 우리 아이가 발달이 좀 빠른 것 같은데 성조숙증 검사는 어느 병원이 잘해요? 윗집 베란다에서 물이 새는데, 이건 어떻게 해결해야 하나요? 후진하다가 차가 벽에 부딪혔는데, 아는 공업사 있으면 소개 좀 시켜주세요. 요즘 담보대출 금리는 어디가 싼가요? 홈쇼핑에 치아보험 나오던데, 치아보험 꼭 들어야 하나요? 등등.

이렇게 보면 설계사라는 직업은 정말 박학다식이 아니라 잡학다식해야지 할 수 있는 일인 것 같다.

고객들에게 혹시나 하는 일이 生겼을 때, 내가 설계해 드린 보험이 충분한 보장이 될 수 있고 금전적인 부담으로부터 조금은 벗어날 수 있다면 나는 만족한다. 고맙다는 소릴 들으면 이 일에 대한 자긍심은 더 up이 된다. 그게 당연히 내가 일을 하는 이유고, 내가 존재하는 이유이다.

우리 일이 42.195km 마라톤을 뛰는 거라면 나는 이제 겨우 1/4 정도 왔다고 생각한다. 아직 중간도 지나지 않았다. 누구나 쉽게 할 수 없는 이 일을 석 달 하고 그만두고, 일 년 하고 그만두는 사람들을 보면 안타까울 때가 많았다. 나를 믿고 수천만 원짜리 자동차에 버금가는 돈을, 만약이라는 경우의 수에 투자한 사람들을 놓고 어찌 내가 이 자리를 떠날 수가 있을까? 이 일은 한 번 시작했다면 책임의식을 가지고 평생 해야 하는 일이다. 내가 바람에 흔들리지 않는 나무처럼 이 자리를 굳건히 지키고 있다면 지나갔던 바람도, 스쳐갔던 나그네도 다시 돌아올 거라 믿는다.

많은 사람들이 나와 함께 인연이 되기도 했고, 스쳐 지나가기도 했다. 내가 지금까지 만났던 사람들 중에 나의 고객으로 남아있는 사람보다 그렇지 않은 사람이 더 많다면 이건 확률로 보면 진 게임이다. 하지만 나는 그 뻔한 게임 속에 아직도 흥미진진하게 게임을 즐기는 중이다. 그중에 감독이 교체되기도 했고, 팀을 이적하기도 했고, 부상으로 나가떨어진 선수도 있었고, 나와 함께 아직도 멋진 경기를 펼치는 동료들도 있다.

이 게임이 재밌는 건, 내가 저도 전혀 기분이 나쁘지 않다는 것이다. 혼자 해도 되고, 힘이 들면 같이 해도 되고, 다양한 상황 속에 전혀 다른 사람들과 평생 할 수 있는 경기이다. 지금까지 뿌리가 흔들릴 정도의 센 폭풍도 맞아봤고, 나무를 베어버리겠다는 나무꾼도 만나봤다.

대한민국 설계사들아. 세상 모든 사람들이 주는 상처에 귀 기울일 필요는 없다. 세상 모든 사람들에게 잘할 필요도 없다. 너무 잘하려고 애쓰다 보면 오히려 상대방이 부담스러워할 수 있다. 딱 내 사람에게만 잘하면 된다. 모든 사람들이 날 좋아하지 않아도 괜찮다. 나 역시 꼴 보기 싫은 사람 몇몇 가슴에 품고 살아가니깐!

설계사들에게 사람은 자산이다. 나를 믿고 보험 이야기만 나오면 '김지현'을 소개해 주는 사람 50명만 있어도 평생을 먹고 살 수 있는 직업이다. 나는 설계사들이 보험료에 따라 고객을 차별하지 말았으면 좋겠다. 이 사람은 100만 원짜리 계약을 해 준 사람이니 내가 한 달에 한 번씩은 꼭 찾아가 봐야 하고, 명절 때는 선물을 꼭 해야 하고, 이 사람은 만 원짜리 운전자 보험 하나 가입했으니 내가 필요하면 당사자가 연락 오겠지? 하고 고객의 등급을 나누지 말라. 100만 원짜리 풀 보장으로 가입한 사람보다 어쩌면 1만 원짜리 보험을 가입한 사람이 나중에 또 다른 보험을 나에게 들어줄지도 모르는 일이다.

내가 모임에서 만난 사람들. 학교에서 만난 사람들. SNS를 통해 교류하는 사람들까지.

내가 자긍심을 가지고 일을 하고 있으니 언제나 그들이 나를 먼저 찾왔다. 휴일에도 쉴 새 없이 전화를 걸어오는 동료들부터 주말에 당연히 연락해도 부담스럽지 않은 언니 같은, 동생 같은 사람들.

그게 나여서 오히려 감사한 휴일이다. 내가 하는 이야기에 상대방은 궁금한 게 해결되었으니 두 다리 뻗고 편안하게 쉴 수 있을 것이다. 평일에는 오히려 상담 시간에 쫓겨 전화를 빨리 끊어야 할 때가 많은데, 휴일은 좀 더 여유롭게 통화를 할 수 있어서 좋기도 하다.

언제든지 연락 주세요. 제 전화는 열려 있고, 당신은 제 사람입니다. 사람이 사랑입니다.

　결혼 전 김지현으로 30년을 살았다면, 결혼 후 10년은 설계사 김지현, 정희춘 씨 와이프, 예원이, 예준이 엄마로 살아온 세월이다. 내가 일을 하면서 주변의 많은 친구, 직장동료들을 소개해 줬던 우리 신랑, 예원이, 예준이 엄마로서 설계사라는 직업이 부끄럽지 않게 정도를 걸으려고 노력했던 시간들이었다.

　할까 말까 할 때는 해라
　말할까 말까 할 때는 하지 마라
　말은 입을 떠나는 순간 책임이 따른다
　우리 아이들이 나와 같은 삶을 살게 될 수도 있다
　내가 가는 길이 미래에 우리 아이들이 걸어올 길이다.

　"왜 이렇게 일이 많아?"
　"어휴~ 정신없어."
　"적당히 해."

다이어리에 주말까지 빽빽한 스케줄로 하루에 4~5명의 고객을 만나고, 고객을 만나 커피를 하루에 3잔 이상씩 마시면서도 무조건 6시 이전에 일을 마치고 집으로 퇴근해야 하는 직장맘으로 살고 있다.

내가 일을 대충 할 수 없었던 이유, 내가 일을 열심히 해야 할 수밖에 없었던 이유를 글을 쓰면서 알게 되었다.

지난 10년간의 일들을 글로 써 내려가는 게 나에게는 10년이라는 시간을 되돌아볼 수 있는 힘이 되는 순간이었다. 처음 일을 시작했을 때의 설렘도 느껴 볼 수 있었고, 나를 가슴 벅차게 했던 고객들, 나를 울고 웃게 했던 사람들에 대해서도 다시 한 번 되새겨 볼 수 있는 시간들이었다.

글 쓰는 내내 한 번도 변하지 않았던 마음은 결코 이 일을 놓지 말아야겠다는 생각이었다. 강산이 한 번 변하는 10년 동안 대단한 일을 한 건 아니지만, 그 세월을 이 한 권의 책으로 마무리할 수 있어서 감사하다. 10년 후에는 또 어떤 이야기들로 나의 책이 만들어질지 벌써부터 기대가 된다.

나의 삶에 터닝 포인트를 제공해준『엄마, 세상밖으로 나가다』의 저자 홍보라 작가님, 글 쓰는 방법을 알려주신 자이언트스쿨의 이은대 작가님 두 분 덕분에 10년 동안 제가 헛되이 일하지 않았음을 알 수 있게 되었고, 앞으로도 10년, 20년 더 열심히 일해야겠다는 마음을 가질 수 있게 되었습니다. 두 분 정말 감사드립니다.

그리고 나를 존재하게 해준 엄마, 아빠, 나의 울타리가 되어준 신랑, 내 삶에 비타민 예원이, 예준이 우리 가족 모두 사랑하고, 앞으로도 감사하며 더 많이 행복할 수 있게 노력할게요.

모두 고맙습니다.

special Thank you...

독수리오형제라 칭하는 아빠 형제들(형태, 기태, 여태, 경태, 이태).

부산에서 개인택시를 하시는 울 아빠.

술 한잔 드시면 날 제일 이뻐하는 큰 삼촌.

나에게 가장많은 보험을 들어줬던 마산 삼촌.

우리 집에서 제일 똑똑한 박사님, 넷째 삼촌.

나랑 제일 친한 막내 삼촌.

모두 건강하시고, 오래오래 사세요.

그리고, 할머니… 사랑합니다.